Ao longo dos séculos, os povos têm-se dividido quanto à forma como a política deve enformar a sua vida em sociedade, o que originou o aparecimento de inúmeras correntes e teorias políticas. Por isso, a «Biblioteca de Teoria Política» visa ser um ponto de encontro abrangente dos vários autores que num passado mais recente se dedicaram à reflexão e filosofia políticas, mas também das diversas orientações da moderna teoria política.

Do Contrato Social

Título original:
Du contrat social ou Principes du droit politique

Tradução:
Hugo Barros

Revisão:
Joana Ambulate

Capa:
FBA

Depósito Legal nº

Biblioteca Nacional de Portugal – Catalogação na Publicação

ROUSSEAU, Jean-Jacques, 1712-1778

Do contrato social ou princípios do direito político.
(Biblioteca de teoria política)
ISBN 978-972-44-2673-0

CDU 321

Paginação:
MJA

Impressão e acabamento:
??????

para
EDIÇÕES 70
Março 2023

EDIÇÕES 70, uma chancela de Edições Almedina, S.A.
Avenida Emídio Navarro, 81, 3D
3000-151 Coimbra
e-mail: editoras@grupoalmedina.net

JEAN-JACQUES ROUSSEAU

Do Contrato Social ou Princípios do Direito Político

Introdução de Alexandre Franco de Sá
Tradução de Hugo Barros

70

Índice

Introdução
por Alexandre Franco de Sá 11

Advertência 41

LIVRO I

CAPÍTULO I — Tema deste primeiro livro 45

CAPÍTULO II — Das primeiras sociedades 46

CAPÍTULO III — Do direito do mais forte 49

CAPÍTULO IV — Da escravatura 51

CAPÍTULO V — De ser sempre preciso voltar a uma primeira convenção 57

CAPÍTULO VI — Do pacto social 59

CAPÍTULO VII — Do soberano 63

CAPÍTULO VIII — Do estado civil 66

CAPÍTULO IX — Do domínio real 68

LIVRO II

CAPÍTULO I — A soberania é inalienável 75
CAPÍTULO II — A soberania é indivisível 77
CAPÍTULO III — Se a vontade geral pode errar . . . 80
CAPÍTULO IV — Dos limites do poder soberano . . 83
CAPÍTULO V — Do direito de vida e de morte 88
CAPÍTULO VI — Da lei 91
CAPÍTULO VII — Do legislador 95
CAPÍTULO VIII — Do povo 101
CAPÍTULO IX — Do povo *(continuação)* 104
CAPÍTULO X — Do povo *(continuação)*. 107
CAPÍTULO XI — Dos diversos sistemas de legislação 111
CAPÍTULO XII — Divisão das leis. 114

LIVRO III

CAPÍTULO I — Do governo em geral. 119
CAPÍTULO II — Do princípio que constitui as várias formas de governo 126
CAPÍTULO III — Divisão dos governos 130
CAPÍTULO IV — Da democracia 132
CAPÍTULO V — Da aristocracia 135
CAPÍTULO VI — Da monarquia 138
CAPÍTULO VII — Dos governos mistos 146

CAPÍTULO VIII — Que nem todas as formas de governo são adequadas a todos os países 148

CAPÍTULO IX — Dos sinais de um bom governo .. 155

CAPÍTULO X — Do abuso do governo e da sua tendência para degenerar 158

CAPÍTULO XI — Da morte do corpo político 162

CAPÍTULO XII — Como se mantém a autoridade soberana 164

CAPÍTULO XIII — Como se mantém a autoridade soberana *(continuação)* 166

CAPÍTULO XIV — Como se mantém a autoridade soberana *(continuação)* 169

CAPÍTULO XV — Dos deputados ou representantes 171

CAPÍTULO XVI — Que a instituição do governo não é um contrato 176

CAPÍTULO XVII — Da instituição do governo..... 178

CAPÍTULO XVIII — Meio de prevenir as usurpações do governo......................... 180

LIVRO IV

CAPÍTULO I — Que a vontade geral é indestrutível 185

CAPÍTULO II — Dos sufrágios 188

CAPÍTULO III — Das eleições.................. 192

CAPÍTULO IV — Dos comícios romanos 195

CAPÍTULO V — Do tribunato.................. 208

CAPÍTULO VI — Da ditadura 211

CAPÍTULO VII — Da censura 215

CAPÍTULO VIII — Da religião civil. 218

CAPÍTULO IX — Conclusão 231

Introdução

1. O contrato social e a fundação de uma era democrática

Publicado em 1762, no mesmo ano em que vem à luz *Emílio*, obra com que Rousseau revoluciona a educação, o pequeno livro *Do Contrato Social*, que apresentava de forma mais desenvolvida e pontualmente alterada uma versão anterior deixada inédita([1]), estava destinado a provocar uma revolução semelhante no âmbito da política. Da versão anterior, o chamado *Manuscrito de Genebra*, Rousseau eliminou os dois primeiros capítulos, de maneira que o presente texto começa com uma exclamação que se tornou célebre: «O homem nasceu livre e vive acorrentado por toda a parte.» No paradoxo formulado no belíssimo estilo de Rousseau, joga-se muito do destino que coube a esta obra. Os revolucionários jacobinos leram-na como fonte de inspiração para a sua interpretação progressista

---

([1]) Cf. Jean-Jacques Rousseau, *Do Contrato Social (Manuscrito de Genebra)*, trad. Manuel João Pires e introdução e notas de João Lopes Alves, Lisboa, Círculo de Leitores, 2008.

da história como caminho da emancipação humana. Tratar-se-ia de um livro cuja leitura contribuiria para acelerar essa mesma história rumo a uma sociedade sem reis nem senhores. A contra-revolução, por seu lado, encontrou nela a confissão, por parte da própria tentação revolucionária, de que a sociedade almejada redundaria num encantamento diabólico e, porque contrária à natureza humana e sua experiência histórica, numa anarquia destruidora do homem. Como diria o maior dos autores contra-revolucionários, Joseph de Maistre, cujo estilo não fica atrás do de Rousseau, dizer que o homem nasceu livre e por toda a parte está a ferros seria o mesmo que afirmar que as ovelhas nasceram carnívoras, mas por todo o lado comem erva. (2)

No entanto, a proclamação inaugural de Rousseau tem subjacente uma distinção que importa ter presente para compreender o projecto que neste livro é delineado. Trata-se da distinção, que Kant e os seus sucessores intelectuais desenvolverão exaustivamente, entre os planos do «ser» e do «dever-ser», do fáctico e do normativo. Depois de proclamar que o homem nasceu livre e está acorrentado por toda a parte, Rousseau faz duas perguntas que aludem a esta distinção fundamental. Importa reparar nelas. Em primeiro lugar, interroga-se sobre como se originou tal situação. É uma pergunta que incide sobre factos, procurando uma explicação para o estado de coisas presente no conhecimento das experiências e acontecimentos passados que estejam na sua origem e o tenham desencadeado. A essa pergunta, porém, responde

(2) Cf. Isaiah Berlin, *Freedom and Its Betrayal: Six Enemies of Human Liberty*, ed. Henry Hardy, Princeton e Oxford, Princeton University Press, 2002, p. 143.

Rousseau com um lacónico: «Ignoro-o.» Contudo, na sequência desta resposta, surge uma segunda pergunta, e é a partir desta que se desenvolve toda a reflexão: que legitima este mesmo estado? Ou seja, que poderá fazer compreender e que daria legitimidade à situação com que nos deparamos? Esta questão, que Rousseau entende «poder resolver», introduz um ponto de vista normativo e já não fáctico. É na questão colocada nestes termos, sob o ponto de vista não da facticidade, mas da normatividade, que a reflexão levada a cabo no *Contrato Social* se irá centrar.

O presente livro desenvolve-se, portanto, tendo por referência não a situação que existe e aquilo que é, nem uma quimérica realidade alternativa situada antes da história política e fora dela, mas aquilo que deve ser no âmbito das relações sociais entre os homens. Assim, ao contrário do que alguns pensaram, não se trata, no *Contrato Social*, de invocar um «estado de natureza» de liberdade idílica situada num momento pré-histórico a que se deveria regressar. Não se trata, por outras palavras, de procurar regressar ao «bom selvagem» que, em 1750, o *Discurso sobre a Origem e os Fundamentos da Desigualdade entre os Homens* descrevera de forma tão apelativa. No seguimento deste *Discurso*, mostrava-se agora que, longe de ser um ponto de partida fáctico, a situação originária então evocada seria antes uma referência heurística a partir da qual os homens, que vivem e sempre viveram em sociedade, se poderiam confrontar criticamente com a sua situação presente e interrogar-se sobre a sua legitimidade. É por isso que, ao lidar com a vida social, onde existem relações de governo, o *Contrato Social* começa por perguntar pela possibilidade de as legitimar à luz do princípio de uma liberdade humana originária e inalienável. Colocada a questão desta forma, o título da presente obra fornece-lhe já uma resposta: só o pressuposto de um contrato social poderia legitimar relações de governo entre homens livres.

A concepção de um contrato social, o qual emerge na obra de Rousseau como uma referência heurística e não histórica, normativa e não fáctica, decorre da ideia de que há uma condição essencial sem a qual nenhuma forma de governo é legítima. Nascendo todos os homens livres, sendo os homens igualmente livres e iguais na sua liberdade, esta não pode deixar de consistir senão em que cada um, na relação de governo, apenas obedeça a si mesmo e seja, portanto, simultaneamente governante e governado. Se a forma política requer sempre uma forma de governo e se a relação de governo implica a cisão entre governante e governado, esta só será compatível com a liberdade se assentar num princípio de autogoverno pelo qual ser governado não implique subordinação. Ao sugerir tal resposta, embora não com idêntica terminologia, Rousseau funda o princípio fundamental da democracia moderna. Esta não consiste propriamente num regime, mas num princípio político de identidade entre governante e governado, que pode estar subjacente a várias formas e configurações políticas; ou seja, num princípio que determina, como princípio político partilhado, o que autores como Tocqueville chamarão, um pouco mais tarde, uma nova época histórica, a era da democracia. A tal princípio de autogoverno, fundador da era democrática, chamou-se *soberania popular*. Poder-se-á dizer, portanto, que a emergência de uma era democrática, para cuja concepção o *Contrato Social* deu um dos contributos mais fundamentais, não se baseou tanto numa uniformização de regimes políticos, ou de formas de governo, quanto na invocação de um mesmo princípio democrático — o princípio do autogoverno ou da autodeterminação; o princípio da identidade entre povo e soberano, ou da soberania popular — como condição de legitimidade de qualquer regime.

2. Do soberano representante do povo ao povo soberano

Não foi, no entanto, Rousseau, no dealbar da era democrática, quem primeiro enunciou a identidade entre povo e soberano. Mais de cem anos antes do *Contrato Social*, no seu livro *Do Cidadão*, de 1642, Thomas Hobbes fazia a distinção entre *populus* e *multitudo*, povo e multidão, caracterizando o primeiro como um *unum quid*, uma certa unidade, e distinguindo-o, nessa medida, da multidão plural dos indivíduos. A partir de tal distinção, Hobbes, que assistia ao começo da guerra civil inglesa que opunha o rei Carlos I ao Parlamento, podia pressupor que não havia uma diferença qualitativa essencial entre uma monarquia e um regime popular ou republicano, residindo a cisão entre ambos apenas no facto de a multidão ser, no primeiro caso, constituída por súbditos, ao passo que formava no outro um conjunto de cidadãos. Segundo Hobbes, ambos os regimes partiriam, no fundo, do mesmo princípio — o princípio da representação — para estabelecer uma forma política. Se em regimes republicanos se chamaria cidadãos à multidão, isso quereria dizer que o povo, enquanto unidade política, estaria afinal na Assembleia soberana que os governaria em seu nome. O mesmo se passaria numa monarquia, apenas ressalvando a diferença de que o soberano seria uma única pessoa e à multidão governada se chamaria, nessa circunstância, os seus súbditos. Numa monarquia, dizia então Hobbes, «os súbditos são a *multidão*, e (paradoxalmente) o *Rei* é o *povo*»(3).

Um pouco mais tarde, no célebre Capítulo XVI do *Leviatã*, Hobbes explorará o fundamento desta identificação do soberano com o povo por meio do conceito de representação. O soberano é representante na medida em que cada indivíduo por ele representado, celebrando o pacto que lhe permite a saída da «guerra de todos contra todos», se assume como «autor» dos actos do soberano e incorpora a vontade do soberano como a sua própria vontade. O soberano hobbesiano, que não se confunde com o povo, mas se identifica simbolicamente com ele, constitui a unidade política do povo a partir de tal identificação. Nessa medida, Hobbes pode dizer que o soberano é o povo. Pode dizê-lo, portanto, na medida em que o soberano, em si mesmo, transcende o povo, encontrando-se a uma distância incomensurável desse mesmo povo com quem, representando-o, se identifica.

É esta distância subjacente ao conceito de representação que permite compreender todo o alcance da posição de Rousseau. Para este, a única forma política legítima — a única correspondente ao contrato social — seria a que fosse compatível com a preservação da liberdade de cada homem, assumindo-se cada indivíduo como parte do soberano. Por essa razão, Rousseau recusa a possibilidade de que o soberano seja um representante e de que a soberania possa ser representada. Só a própria soberania se poderia representar a si mesma, e a pretensão de representar a soberania seria, no fundo, a tentativa de a alienar.

---

(3) Thomas Hobbes, *De Cive*, XII, 8 [*On the Citizen*, trad. Richard Tuck e Michael Silverthorne, Cambridge, Cambridge University Press, 2003, p. 137].

Hobbes realizaria esta alienação ao estabelecer o soberano como representante e proclamar que o soberano é o povo. É diante dessa proclamação que Rousseau recusa o princípio da representação e inverte os termos. Recusando que um soberano possa estabelecer-se como representante do povo, identificando-se com o povo enquanto instância que o transcende e se identifica com ele, Rousseau torna a soberania imanente ao povo e nega a possibilidade de que um soberano externo com ele se identifique. Dir-se-ia, então, que não é agora o soberano que é o povo, mas o próprio povo que é o soberano.

Para estabelecer o princípio de uma soberania inalienável do povo, a distinção que inicialmente invocámos entre normatividade e facticidade reaparece, no *Contrato Social*, transferida para outro plano. O povo é soberano, e, como tal, para Rousseau, a sua vontade soberana não pode ser limitada por nenhuma instância que com ela concorra, ou substituída pela vontade de qualquer pessoa que a procure representar. Daí que, numa expressão conhecida, o *Contrato Social* estabeleça que «a soberania, sendo o exercício exclusivo da vontade geral, não pode nunca ser alienada, e que o soberano, que não passa de um ser coletivo, não pode ser representado senão por si próprio: o poder pode muito bem ser transmitido, mas não a vontade» (Livro II, Cap. I). Assim, se o povo soberano é um ser colectivo constituído por todos os cidadãos, a sua vontade — a vontade do soberano — só pode ser uma «vontade geral». Por isso, o objecto intencional dessa vontade, aquilo que essa vontade pode querer, terá igualmente de ser um objecto não particular, mas geral. É esse objecto geral da vontade geral que Rousseau define como lei. Por isso, a soberania consiste num poder legislador, cujas deliberações, não tendo limitações intrínsecas algumas quanto ao conteúdo, não podem deixar de ser circunscritas quanto ao objecto, pois «não pode haver vontade geral em relação a um objeto particular» (Livro II, Cap. VI). É por isso, também, que do poder legislador imanente ao soberano se tem de destacar um segundo poder, transmitido por esse mesmo soberano à instância capaz de, aplicando e executando a lei, lidar com o âmbito particular.

3. Soberania e governo: o republicanismo de Rousseau

O poder legislativo do soberano distingue-se, portanto, de um poder executivo que, ao contrário da dimensão normativa geral em que se situa o poder soberano de legislar, incide sobre a dimensão fáctica do particular. Rousseau identifica com o governo este segundo poder e estabelece como essencial a distinção entre soberania e governo. O governo não se pode confundir com a soberania, embora, ao longo do percurso histórico das sociedades humanas, seja inevitável que entre em conflito com ela, tentando substituí-la ou representá-la. Certamente por isso, conquanto nasça e seja constitutivamente livre, o homem tenha ficado, ao longo da história, acorrentado por todo o lado. Para inverter tal situação, seria necessário tomar consciência de que o poder executivo, nos seus decretos e actos, não pode senão fazer cumprir uma lei sobre a qual apenas o poder legislativo, que cabe unicamente à soberania do povo, pode decidir. E isso significa tomar consciência de que o governo da sociedade é sempre apenas um delegado do soberano, não podendo, ao governar e lidar com os governados (governados que são, enquanto cidadãos, partes desse mesmo soberano), sobrepor à vontade geral a sua vontade particular enquanto corpo governante, ou seja, sobrepor-lhe a sua «vontade de corpo».

A chave para a compreensão da história das sociedades humanas, com os seus grilhões e atentados à liberdade, repousaria nesta tendência permanente para a usurpação da soberania pelo governo. Esta tendência é apresentada por Rousseau como um «vício inerente e inevitável que, desde a origem do corpo político, tende sem descanso para o destruir, tal como, no fim, a velhice e a morte destroem o corpo do Homem» (Livro III, Cap. X). Mas, se a legitimidade da ordem política depende de um especial cuidado para que o governo não usurpe a soberania, também a soberania — cuja vontade geral, ao determinar a lei, apenas incide sobre o que é geral, não podendo ter objecto particular algum — tem de se abster de se imiscuir em assuntos particulares, confundindo-se com o poder executivo, que cabe ao governo. Para Rousseau, só há ordem política se soberania e governo, poder legislativo e poder executivo, tiverem os seus respectivos âmbitos de actuação claramente circunscritos: o poder legislativo incidindo sobre o que é de âmbito normativo e geral; o poder executivo realizando-se em decretos e actos de governo destinados à aplicação da lei no plano da vida concreta e particular. Contudo, esta circunscrição recíproca, a princípio e aparentemente tão clara, não pode deixar de apresentar dificuldades.

No projecto político delineado por Rousseau, a primeira lei que o soberano estabelece é a lei que determina uma forma de governo; ou seja, é aquilo a que se poderia chamar uma lei constitucional. Para Rousseau, a definição da forma de governo cabe, naturalmente, à soberania e decorre de um «acto de soberania» na determinação dessa lei. Todavia, é também o povo soberano quem decide, após a lei que define a forma de governo, a quem transmitir o poder executivo desse mesmo governo. Os dois actos, no entanto, não podem ser misturados nem confundidos. Se a definição da forma de governo é um «acto de soberania», no qual a vontade geral delibera sobre uma lei geral, a nomeação do governo, no quadro dessa mesma lei, é um acto particular, um decreto que nomeia alguém particular — uma pessoa particular ou um corpo colectivo particular — como governante. Noutros termos, a escolha do governo não pode deixar de ser uma espécie de acto governativo preliminar, o qual é realizado pelo soberano antes mesmo de o governo estar estabelecido.

O povo, na medida em que é soberano, não pode ser limitado na sua escolha da forma de governo a estabelecer. É apenas imprescindível que tal forma seja determinada pela participação da vontade de todos. No entanto, se a escolha da forma de governo só pode incidir sobre o âmbito geral, não podendo atribuir o governo a nenhum governante particular, tal significa que qualquer forma de governo que atribua a uma família particular uma magistratura governativa é, por princípio, ilegítima; e que, portanto, só uma forma republicana de governo é aceitável à luz da vontade geral. Uma concepção de soberania baseada na recusa do princípio da representação e na compreensão do governo como seu delegado é, pois, incompatível com uma monarquia dinástica ou hereditária. E isso, desde logo, porque, numa tal forma de governo, a lei geral tem de definir qual a dinastia reinante e a quem, em particular, será atribuído o poder de governar. Esta atribuição não pode deixar de destruir a separação entre geral e particular, na qual assenta a separação entre o poder legislativo do soberano e o poder executivo do governo, e de consistir, por conseguinte, numa inevitável captura da soberania por uma família particular elevada à condição de dinastia governante. Assim, para Rousseau, uma monarquia hereditária nunca pode, por definição, respeitar o carácter geral da lei e a separação entre soberania e governo, distinguindo a vontade geral do povo soberano e a vontade particular do príncipe encarregado de governar.

O povo pode, é certo, decidir legitimamente uma forma de governo monárquica, delegando o governo numa única pessoa. Mas, se a lei pode estabelecer a monarquia como a forma de governo, não pode designar quem em particular será o príncipe. Como diz Rousseau, se «a lei pode muito bem estatuir que haverá lugar a privilégios», não pode «dá-los a ninguém em particular» (Livro II, Cap. VI). Tal significa que a monarquia, para que uma dinastia não usurpe o governo, tem de ser sempre electiva e a cada momento confirmada nessa eleição; isto é, tem de ser, também ela, uma magistratura republicana e nunca hereditária. É por isso que, apesar de não ser impossível que o povo escolha soberanamente uma forma monárquica de governo, Robert Derathé tem razão ao concluir, no seu importante estudo sobre o pensamento político de Rousseau, que, «qualquer que seja a forma de governo», a lei que define a constituição do Estado «deve ser republicana» ([4]).

4. Rousseau e a democracia

No extremo contrário à monarquia hereditária, que consiste na captura da soberania por um governo dinástico, encontra-se a ideia de uma pura e simples

---

([4]) Robert Derathé, *Rousseau e a Ciência Política de seu Tempo*, trad. Natalia Maruyama, São Paulo, Barcarolla, 2009, p. 391.

sobreposição entre soberano e governo de tal forma que não haja distância ou diferença alguma entre um e outro, e o povo se governe, de facto, a si mesmo. Tal corresponderia, segundo a concepção de Rousseau, a uma democracia pura em que «um povo que governasse sempre bem não precisaria de ser governado» (Livro III, Cap. IV). Mas tal democracia, escreve Rousseau, «jamais existiu» e «jamais existirá», pelo que «não existe nada que se pareça a uma verdadeira democracia» (Livro IV, Cap. III). É assim porque, no fundo, a democracia seria uma forma de governo que, eliminando a diferenciação entre soberano e governo, estabelecendo a soberania como a sede do exercício de um autogoverno efectivo, anularia também a distância entre o plano normativo e fáctico. Para tal, partiria de uma forma de existência, não correspondente à finitude e imperfeição humanas, em que não houvesse diferença entre normas e factos, entre o que se deve fazer e o que se faz. Daí que Rousseau, para quem a única forma de governo legítima é a republicana, não confunda república com democracia e termine a sua abordagem desta última, no *Contrato Social*, da seguinte forma: «Se existisse um povo de deuses, governar-se-ia democraticamente. Um governo tão perfeito não convém a homens.» (Livro III, Cap. IV)

Embora Rousseau afirme a impossibilidade humana de um governo democrático, em virtude de os homens serem imperfeitos e não poderem deixar de ser governados, a alusão à «verdadeira democracia» permite invocar o problema central que a sua reflexão política legou à posteridade. Este diz respeito ao pressuposto de que o povo soberano, senhor da vontade geral, delibera por si mesmo e por si mesmo exerce uma vontade. A distinção há pouco mencionada no que tange à deliberação do povo

— a distinção entre o «acto de soberania» que define a forma de governo e a espécie de acto governativo que nomeia o próprio governo — aponta justamente para este problema. Após estabelecer a lei que define a forma de governo, só o povo pode escolher o governante, apesar de essa nomeação já não ser uma lei, um «acto de soberania», mas um acto singular de poder que se consubstancia antes mesmo de haver governo. Rousseau fala então de uma «conversão súbita da soberania em democracia» e de um governo democrático como um «governo provisório» que se mantém em funções enquanto o povo quiser (Livro III, Cap. XVII). É esta inevitabilidade de a soberania do povo se estender à ideia de um governo democrático, com tudo o que essa extensão implica, que abre a possibilidade de se interpretar o contrato social de várias maneiras.

Alguns herdeiros da ideia do contrato social, confrontando-se com a sugestão de um governo democrático, procuraram encontrar no republicanismo de Rousseau inspiração para defender o princípio inultrapassável da separação de poderes e recusar qualquer poder absoluto, advogando a necessidade de uma assembleia popular que, a partir da alusão à soberania do povo e ao «império da lei», limitasse a acção do governo. Assumiam, assim, a herança de um liberalismo de matriz inglesa com origem mormente nas ideias de John Locke sobre o governo. Sob sua inspiração, em 1748, Montesquieu estabelecera, no *Do Espírito das Leis*, o seu célebre princípio de que, «para que se não possa abusar do poder, é preciso que, pela disposição das coisas, o poder trave o poder» (5). Ora, se

(5) Montesquieu, *Do Espírito das Leis*, Livro XI, Cap. 4, trad. Miguel Morgado, Lisboa, Edições 70, 2011, p. 303.

Montesquieu tinha pensado sobretudo a necessidade de limitar o poder legislador por um governo que o impedisse de executar as leis por ele estabelecidas, tratava-se agora, numa reflexão que partia de Rousseau, de pensar como as aspirações do governo a usurpar a soberania popular e exercê-la como poder absoluto poderiam ser refreadas por uma assembleia legislativa que, ao legislar, limitasse o governo.

Outros herdeiros de Rousseau, porém, inspirados pela afirmação de que o povo soberano não pode ser representado, viram no contrato social uma confirmação da ideia de que qualquer forma de representação, desde uma representação monárquica de tipo hobbesiano até à representação do povo soberano por uma assembleia, não passaria de uma alienação da soberania popular por uma elite privilegiada. Para eles, só o verdadeiro povo — o povo humilde e virtuoso, mas também o povo pobre e indignado, presente na turba irrepresentável dos *sans-culottes* — seria o verdadeiro soberano. Era esse o povo soberano que não poderia ser representado. Um tal soberano só se expressaria na «ditadura da virtude» imposta por aqueles tribunos virtuosos que seriam não os seus representantes numa qualquer assembleia, mas a sua voz no seio de uma sociedade que urgia purificar revolucionariamente.

Assim, entre os herdeiros de Rousseau, os primeiros, em nome das liberdades particulares, invocavam o republicanismo contra o poder absoluto contido tanto no despotismo monárquico quanto no despotismo democrático. Os segundos, ao invés, clamavam pelo poder absoluto do povo soberano e por um governo democrático que, apelando a uma expressão directa da soberania popular, fosse hostil ao elitismo burguês subjacente aos representantes do povo nas instituições liberais. Rousseau, por seu lado, tinha deixado margem para ambos ao definir como princípio a concepção da soberania popular, sem desenvolver suficientemente as suas implicações. Assim, como seu princípio fundamental, o *Contrato Social* estabelecia que a vontade geral só poderia ocorrer a partir do concurso da vontade de todos. Só se cada um dos cidadãos participasse, com a sua vontade particular, na definição da vontade geral, esta se poderia formar como tal. No entanto, uma tal condição, sendo condição necessária da vontade geral, não poderia ser condição suficiente para definir o seu verdadeiro conteúdo.

Como se poderia, então, determinar a lei enquanto objecto da vontade geral? A tensão entre liberalismo e democracia desenvolver-se-á, nos anos subsequentes, em torno da resposta a esta questão. A partir de então, em argumentos que se estendem até à contemporaneidade, assistir-se-á ao desenvolvimento quer de posições liberais, indiferentes perante a exigência democrática da determinação da vontade geral pela vontade de todos, quer de posições democráticas, hostis ao princípio liberal da limitação da vontade soberana do povo mediante o apelo a direitos e liberdades particulares e à separação de poderes.

Assim, por um lado, o liberalismo parlamentarista do século XIX centra-se não tanto na ideia de soberania popular quanto no princípio de que seria necessário libertar o soberano das paixões irracionais, fazendo com que as suas deliberações emanem da discussão racional e do exercício da persuasão. Nesta linha, abandona a alusão a uma «vontade de todos» para aferição da vontade geral e estabelece o voto censitário, restringindo o exercício activo da cidadania a uma «elite burguesa», ao mesmo tempo que surgem movimentos socialistas — do federalismo de Proudhon ao comunismo de Marx — que procuram organizar politicamente, fora do enquadramento parlamentar, as massas excluídas por tais restrições. Posições liberais não democráticas prolongam-se hoje na defesa de governos «tecnocráticos» ou de uma «epistocracia» que evite a influência irracional dos ignorantes.([6])

Por outro lado, a crise do parlamentarismo oitocentista resulta, na transição do século XIX para o século XX, na invocação da democracia contra o liberalismo e uma «burguesia» protegida no interior dos seus clubes e fechada nas suas discussões parlamentares. Nesta linha, socialistas como Georges Sorel, cuja leitura influenciou tanto Lenine quanto Mussolini, apelam à violência na edificação de um mito capaz de mobilizar um exército proletário capaz de pegar em armas, fazer a revolução e aniquilar o Estado. Fazem-no, porém, ao mesmo tempo que constitucionalistas conservadores de cariz autoritário, como Carl Schmitt, invocam formas de democracia directa — desde os referendos até à aclamação — em defesa da autoridade desse mesmo Estado, face aos interesses que ecoam nos parlamentos, denunciando a redução da discussão parlamentar a uma «formalidade vazia»([7]) e a transformação dos partidos em «grupos de poder social ou económico» que, esquecidos da vontade geral dos cidadãos, «calculam interesses e possibilidades de poder» e conquistam as massas não com argumentos racionais, mas com «um aparelho de propaganda cujos

---

([6]) Cf., Jason Brannon, *Contra a Democracia*, trad. Elisabete Lucas, Lisboa, Gradiva, 2017.

([7]) Carl Schmitt, *Die geistesgeschichtliche Lage des heutigen Parlamentarismus*, Berlim, Duncker & Humblot, 1996, p. 10.

maiores efeitos se encontram num apelo aos interesses e paixões mais próximos»([8]).

Situada aquém de todos estes desenvolvimentos, a abordagem por Rousseau do problema da constituição da vontade geral começa por ser simplesmente tautológica. A vontade geral é a vontade do povo soberano, e o seu objecto é a lei. O que o povo quer é a lei. A lei é o que o povo quer. No entanto, por entre tais tautologias, a questão teria inevitavelmente de surgir: quem poderia estabelecer o conteúdo do que quer o povo? Quem poderia preencher a função do poder legislador que compete à soberania popular, elaborando a própria lei? Quem poderia dar à vontade geral um conteúdo possível para ser o seu objecto, um conteúdo sobre o qual a vontade de todos, através de uma eleição, se poderia pronunciar? Apesar de abrir o espaço para uma resposta a este problema em diferentes direcções, a reflexão de Rousseau não é, pura e simplesmente, neutra diante dela. O seu ponto de partida é e será sempre pensar a formação da vontade geral rejeitando antecipadamente que fazê-lo passe por reintroduzir o princípio da representação no processo legislativo.

5. Rousseau e o parlamentarismo liberal

Na véspera da tomada da Bastilha, em 1789, Sieyès procura resolver o problema da formação da vontade geral mediante a ideia de que o reconhecimento da soberania do povo, num Estado, está indissociavelmente ligado ao aparecimento de uma assembleia nacional. No célebre manifesto que publica em Janeiro desse ano, *O Que É o*

([8]) *Ibid.*, p. 11.

Terceiro Estado?, afirma que o povo, que até então nada fora diante do soberano monárquico e de estados privilegiados como a nobreza e o clero, teria como destino ser «tudo» e identificar-se como a própria nação.(9) Por essa razão, invoca a necessidade de uma assembleia popular — uma assembleia em que o povo se fizesse verdadeiramente representar — que surgisse em alternativa aos estados gerais tradicionais, em que clero e nobreza, que tinham leis próprias e eram, dentro do Estado, um «*imperium in imperio*», se reuniam à parte. O povo era a nação — toda a nação — e, para pensar a constituição da assembleia nacional representante do povo, Sieyès distingue, partindo da concepção da soberania da nação, entre poder constituinte e poder constituído. Nesse enquadramento, a soberania do povo ou soberania nacional seria um poder constituinte da forma política. Tal poder, porém, realizar-se-ia apenas na constituição da assembleia e, nessa medida, existiria já sempre apenas subjacente ao poder constituído que ganha forma na própria assembleia nacional.

O enquadramento da relação entre poder constituinte e poder constituído pensada por Sieyès é de natureza metafísica e remete para a noção grega de *dunamis* e a latina de *potentia*. Na física e na metafísica de Aristóteles, a «potência» refere-se a uma força que, emergindo num determinado acto, aparecendo numa determinada «obra» ou «realização» (o neologismo aristotélico *energeia*, traduzido como *acto*, vem de «obra», *ergon*, e refere-se a «pôr-em-obra»), apenas se realiza nesse acto e enquanto acto de que ela mesma é a potência. Em Espinosa, tal força aparece como potência que se realiza na sua expressão,

---

(9) Sieyès, *O Que É o Terceiro Estado?*, trad. Teresa Meneses, Lisboa, Círculo de Leitores, 2008, p. 79.

no seu actuar; surge, assim, como uma «natureza naturante» que se expressa e realiza, de forma imanente, nas suas próprias realizações, enquanto «natureza naturata». Do mesmo modo deve ser pensado o poder constituinte da soberania popular. Este só existe no poder constituído de uma assembleia nacional soberana e só nessa assembleia já constituída se realiza; ou seja, só nela se realiza enquanto seu princípio de legitimidade e, portanto, seu poder constituinte. Com isso, Sieyès forma a base da resposta liberal ao problema da formação da vontade geral do povo soberano. Tal resposta assenta na identificação da soberania nacional — ou da soberania popular — como poder constituinte da forma política, poder esse que não existe senão na expressão que lhe dá o poder constituído de uma assembleia parlamentar.

O parlamentarismo liberal do século XIX desenvolverá esta solução ao estabelecer a assembleia nacional como o órgão de soberania representativo da nação que, nessa medida, deve limitar o governo. Na terminologia estabelecida por Rousseau, dir-se-ia que se trata de representar a «vontade geral» do soberano e assegurar que a «vontade de corpo» do governo não possa substituí-la. O próprio Rousseau, no entanto, antecipa essa solução parlamentarista para o problema que colocara. Mas antecipa-a para a recusar. Tal como Hobbes antes de si, Rousseau daria pouco peso à distinção entre um regime monárquico hereditário e um regime republicano ou parlamentar se, na diferença entre os dois, apenas se tratasse de distinguir qual seria o representante da soberania popular; se um rei, no caso do regime monárquico; se uma assembleia, no caso do regime republicano. Sendo assim, se o regime republicano se baseasse na apropriação da soberania popular por uma assembleia que se alçasse ao estatuto de sua representante, como acontecia, por exemplo, no parlamento inglês, então teríamos apenas dois putativos representantes — o governo e o parlamento — disputando a alienação da própria soberania popular. Rousseau afirma-o abertamente e conclui o seguinte, evocando o exemplo inglês: «O povo inglês pensa ser livre, mas está muito enganado; é-o apenas durante a eleição dos membros do parlamento. Logo que são eleitos, torna-se escravo, torna-se nada.» (Livro III, Cap. XV.)

Dois anos antes da morte de Rousseau, em 1776, os Estados Unidos, proclamando a sua independência, enfrentarão também a questão da formação da vontade geral e do exercício da soberania popular. Enfrentá-la-ão sob a necessidade de encontrar instituições que, permitindo a discussão racional e a negociação entre diferenças razoáveis, barrem explicitamente, tanto quanto isso seja possível, o acesso directo da populaça ao poder e a contaminação do soberano pela balbúrdia irracional proveniente das suas paixões. Se pudesse tê-las pensado no *Contrato Social*, juntamente com o parlamentarismo inglês, Rousseau teria confirmado a sua ideia de que a solução parlamentarista para o problema da formação da vontade geral consistia, afinal, apenas numa reintrodução do princípio da representação e, portanto, numa inaceitável alienação da soberania popular. Por isso, para Rousseau, a solução teria de ser pensada, de antemão, de outra maneira. Garantir o exercício da vontade geral do soberano implicaria sempre, como condição prévia, assegurar que esta vontade não pudesse ser representada. Escusado era dizer, não poderia ser o governo delegado do soberano, na sua «vontade de corpo», a representá-la. Mas, pela mesma ordem de razões, uma assembleia nacional, na qual inevitavelmente ressoariam interesses e se digladiariam grupos distintos, também não teria condições de ser expressão da vontade geral do povo soberano. Independentemente de quem o tentasse, representar a vontade geral do soberano corresponderia sempre a procurar aliená-la.

6. Rousseau e a religião

As instituições representativas da revolução norte-americana, bem como aquilo a que o século XIX chamará regime parlamentar, são recusadas antecipadamente no *Contrato Social* quando este pressupõe que qualquer «vontade de corpo», independentemente da sua natureza específica, seria sempre usurpadora da vontade geral. Os partidos, grupos e interesses presentes numa assembleia nacional, e a própria assembleia gerada a partir da sua concertação, seriam sempre os detentores de uma vontade particular diante da verdadeira vontade geral. Por isso, para Rousseau, seria fundamental que a soberania se formasse sempre apenas a partir da vontade particular de indivíduos, e não de partidos ou da conjugação dos interesses e das crenças desses mesmos partidos. É por isso também que a soberania deixaria livres os indivíduos particulares, na particularidade das suas crenças, interesses e desejos, mas não poderia deixar de rejeitar como intoleráveis os partidos, seitas e crenças que, detentores de uma vontade particular, apresentassem essa mesma vontade aos seus partidários, seguidores e fiéis como uma vontade geral.

Para Rousseau, particularmente grave era, neste ponto, a relação do cristianismo romano com a política, apresentando o Papa como autoridade infalível e representante de Cristo na Terra, e proclamando que «fora da Igreja não há salvação». Isso impedia os fiéis católicos de serem, «ao mesmo tempo, devotos e cidadãos», fazendo-os viver em dois mundos onde teriam «duas legislações, dois chefes, duas pátrias» (Livro IV, Cap. VIII). Recusando tal dicotomia como uma bizarria, Rousseau distingue, no que respeita à religião, duas formas religiosas aceitáveis: uma religião do homem e uma religião do cidadão. A primeira seria uma religião interior, «sem templos, sem altares, sem rituais, limitada ao culto puramente interior do Deus supremo e aos deveres eternos da moral» (Livro IV, Cap. VIII). A segunda seria uma religião cívica e teria nas religiões nacionais e étnicas da Antiguidade pagã o seu exemplo. Embora ambas pudessem coexistir, nenhuma poderia admitir qualquer forma de religião que, procurando ocupar o lugar da soberania, tentasse impor os seus dogmas às consciências, tornando as suas práticas e cultos obrigatórios e punindo os indivíduos que, no uso da sua liberdade, se lhes furtassem. A Igreja Católica romana seria, para Rousseau, a imagem mais clara desta tentativa. Por isso, depois de proibir e aniquilar as religiões étnicas da Antiguidade, tinha surgido como um exemplo de intolerância e dogmatismo que não poderia deixar de ser rechaçado.

Desaparecidas as religiões étnicas — ou a religião do cidadão — às mãos da espiritualidade cristã, tratar-se-ia agora, para Rousseau, de encontrar uma forma de religiosidade cívica que assegurasse a liberdade de consciência, ao mesmo tempo que impedisse o fanatismo intolerante de qualquer igreja que procurasse determinar, a partir da sua particularidade, a vontade geral. Como escreve Rousseau: «Agora que já não existe e que não pode mais existir religião nacional exclusiva, devem ser toleradas todas aquelas que toleram as outras, na condição de os seus dogmas não irem contra os deveres do cidadão.» (Livro IV, Cap. VIII) Assim, a soberania popular não poderia deixar de estabelecer como lei, ao mesmo tempo, a máxima tolerância para os indivíduos tolerantes, cujas crenças particulares, assumidas como tais, fossem compatíveis com a sua condição de cidadãos subordinados exclusivamente à vontade geral, e a máxima intolerância para qualquer igreja que quisesse substituir essa mesma vontade geral e que assumisse, em consequência disso, uma atitude intolerante.

7. O divino legislador e o seu eco na história

Ao recusar antecipadamente a possibilidade da captura da vontade geral por uma assembleia parlamentar que reintroduzisse o princípio da representação, rechaçando a existência de partidos, corpos intermédios e organizações eclesiásticas que aparecessem como intérpretes da vontade geral, Rousseau tem presente que apenas aborda negativamente — negando o princípio da representação — o problema de saber como seria possível ao soberano legislar e quem poderia preencher, na relação com o povo, a função de legislador. Tal abordagem negativa não seria, como dissemos, suficiente. E Rousseau tem disso consciência: é-lhe tão clara a consciência de que a condição necessária para a formação da vontade geral seria a vontade de todos quanto a consciência de que esta última não poderia ser condição suficiente para a determinação daquela. Do reconhecimento explícito de tal insuficiência e da necessidade de encontrar uma maneira de pensar satisfatoriamente o problema de formar a vontade geral e a lei, surge, no pensamento político de Rousseau, a referência ao «legislador».

Colhida a partir de figuras do mundo antigo, como Moisés, Sólon ou Licurgo, a figura do legislador surge em Rousseau como resposta ao problema da formação da vontade do povo soberano. Trata-se, por isso, de uma resposta que, invocando a Antiguidade, apresenta uma alternativa à noção moderna da representação do povo pela via parlamentar. Essa alternativa, porém, não pode ser reduzida a uma invocação não moderna, ou mesmo antimoderna, ante a noção moderna da representação. Pelo contrário. A recusa do princípio da representação inscreve Rousseau, é certo, numa tradição divergente da modernidade (de uma modernidade que se formou pela convergência entre o parlamentarismo liberal e o princípio da legitimidade democrática). Mas a ideia de que o povo não pode ser representado, precisando, no entanto, de ser guiado por um «legislador» no exercício da sua vontade soberana, não consistiu numa mera fuga para o passado. Ela deixou, ao invés, uma marca poderosa e enormes consequências na história política moderna. E a primeira delas foi o despontar, sob sua inspiração, de um tipo de intelectual revolucionário que, denunciando a mediocridade da representação parlamentar em nome de uma «verdadeira democracia» — em nome da «democracia popular», da «democracia directa» ou da «democracia radical», como se lhe chamou em diferentes contextos —, se viu a si mesmo como a voz do povo e se especializou na sua agitação, rumo a uma transformação da sociedade que conduzisse esse mesmo povo para lá das instituições representativas.

A fonte inspiradora destes intelectuais revolucionários encontra-se sobretudo numa das mais curiosas passagens do *Contrato Social*, a qual merece, por isso, ser citada em toda a sua extensão. Reconhecendo abertamente a incapacidade do povo para deliberar e legislar autonomamente, pode ler-se nela o seguinte: «Como poderia uma multidão cega, que muitas vezes não sabe o que quer porque raramente sabe o que é bom para si, executar por si mesma um empreendimento tão grande, tão difícil como um sistema legislativo? Por si mesmo, o povo quer sempre o bem, mas por si mesmo nem sempre o vê. A vontade geral está sempre certa, mas o juízo que a guia nem sempre é esclarecido. É preciso fazê-la ver os objetos tais como são e, por vezes, como lhe devem parecer, ser-lhe mostrado o caminho certo que procura, protegê-la da sedução das vontades particulares, aproximar aos seus olhos os lugares e os tempos, equilibrar a atração das vantagens atuais e visíveis com o perigo dos males distantes e ocultos. Os particulares veem o bem que rejeitam; o público quer o bem que não vê. Todos necessitam igualmente de guias. A uns, é preciso obrigá-los a adequar as suas vontades à sua razão; ao outro, é preciso ensiná-lo a saber o que quer.» (Livro II, Cap. VI.)

A alusão ao facto de os indivíduos e o povo terem necessidade de «guias» é, à partida, após a proclamação da sua soberania como irrepresentável e inalienável, o ponto em que a reflexão de Rousseau mais influenciou as emoções revolucionárias para as quais contribuiu decisivamente. Ao explicar que o povo quer sempre o bem, mas raramente sabe o que quer, precisando de «guias» esclarecidos para o saber e se orientar nas decisões da sua vontade soberana, Rousseau apresenta o legislador como um homem singular que cuida do povo e o educa, mas, ao mesmo tempo, não faz parte dele e lhe surge vindo de fora. A partir deste paradigma, o intelectual revolucionário pensou-se com frequência como um homem generoso e sapiente, superior intelectual e moralmente, que tudo faz pelo povo, educando-lhe a vontade e trazendo-o para a luz; mas alguém que, em simultâneo, nada quer com o povo e o vê, de forma distante, como uma multidão retrógrada, supersticiosa e ignorante. Embora Rousseau se fique pela invocação do legislador sob a égide das figuras do passado clássico, é clara a insistência na ideia de que, sendo o legislador um educador do povo, é a ele — e não a uma qualquer espontaneidade da vontade popular — que cabe saber e determinar o que o povo soberano quer. Na descrição de Rousseau, o legislador surge, por isso, como uma espécie de divindade: «Seriam precisos deuses para dar leis aos homens.» (Livro II, Cap. VII.) Tratar-se-ia, então, de um homem tão elevado, no seu carácter divino, que deveria estar em condições de criar o próprio povo; ou seja, de criar a própria vontade soberana do povo, tendo sobre cada um dos indivíduos particulares que dele fazem parte uma espécie de acção demiúrgica.

No decurso da exaltação provocada pela imagem desse homem divino, que olha do alto da sua superioridade para o homem comum e popular, entregue à ignorância e às superstições, Rousseau não hesita em invocar a sua acção: «Aquele que ousa tentar instituir um povo deve sentir-se capaz de mudar, por assim dizer, a natureza humana; de transformar cada indivíduo, que para ele é um todo perfeito e solitário, em parte de um todo maior do qual esse indivíduo recebe, de certa forma, a sua vida e ser; de alterar a constituição dos homens para a fortalecer; de substituir por uma existência parcial e moral a existência física e independente que todos recebemos da natureza.» (Livro II, Cap. VII.) As palavras têm o seu peso, e as imagens que elas desenham e instigam deixam o seu rasto, como sementes que acabam por gerar frutos. Na era revolucionária que então se inaugurava, colheram-nos sobretudo os intelectuais jacobinos, que se viam a si mesmos como ungidos pela missão de esclarecer o povo e o libertar de si mesmo, desligando-o das suas tradições e dos seus costumes, invariavelmente apresentados como o resultado de séculos de submissão e de trevas. Os seus sucessores, até à contemporaneidade, não cessarão de recriar este sentimento, sob várias configurações, desde os intelectuais orgânicos de Novecentos até aos activistas militantes e mediáticos do século XXI. Por maiores que sejam as suas diferenças, todos eles herdam do legislador de Rousseau, com os entusiasmos e perigos que lhe são inerentes, o ímpeto de «mudar a natureza humana»; e de, ao fazê-lo, construir na história, a partir dessa mudança, um homem finalmente livre e emancipado: um homem novo.

Alexandre Franco de Sá
Coimbra, Dezembro de 2022

Foederis aequas
Dicamus leges

Vergílio, *Eneida*(1)

(1) Vergílio, *Eneida*, Livro XI, vv. 321–322. «Estabeleçamos as regras de um pacto justo.» [Tradução portuguesa de Carlos Ascenso André (Lisboa, Cotovia, 2020).]

Advertência

Este pequeno tratado foi retirado de uma obra mais extensa, empreendida outrora sem ter consultado as minhas forças e abandonada há muito. Dos diversos fragmentos que se podiam recolher do que estava feito, este é o mais considerável e pareceu-me o menos indigno de ser oferecido ao público. O resto já não existe.

LIVRO I

Pretendo examinar se, na ordem civil, pode existir alguma regra de administração legítima e certa, tomando os homens pelo que são e as leis pelo que podem ser. Ao longo do meu estudo, procurarei aliar sempre o que o direito permite com o que o interesse prescreve, a fim de que a justiça e a utilidade não se achem separadas.

Entro na matéria sem demonstrar a importância do meu tema. Perguntar-me-ão se sou príncipe ou legislador para escrever sobre política. Eu respondo que não e que é por isso que escrevo sobre política. Se fosse príncipe ou legislador, não perderia o meu tempo a dizer o que é preciso fazer; ou o faria ou me calava.

Nascido cidadão de um Estado livre e membro do soberano, por pouca influência que a minha voz possa ter nos assuntos públicos, basta-me possuir o direito de votar para me impor o dever de me instruir sobre eles; e feliz, sempre que medito sobre os governos, por encontrar, a todo o instante, sempre nas minhas reflexões novas razões para amar o do meu país!

CAPÍTULO I

Tema deste primeiro livro

O Homem nasceu livre e vive acorrentado por toda a parte. Aquele que pensa ser senhor dos outros não deixa de ser mais escravo do que eles. Como se deu esta mudança? Ignoro-o. O que a legitima? Creio poder resolver esta questão.

Se considerasse apenas a força e o efeito que dela resultam, diria: enquanto um povo for forçado a obedecer e obedece, faz bem; logo que pode sacudir o jugo e o sacode, faz ainda melhor; pois, ao recuperar a sua liberdade pelo mesmo direito que a roubou, ou tem motivos para a recuperar, ou ninguém tinha o direito de o privar dela. Mas a ordem social é um direito sagrado que serve de fundamento a todos os outros. No entanto, esse direito não tem origem na natureza; como tal, funda-se em convenções. O que temos de averiguar é quais são essas convenções. Antes de chegar a esse ponto, devo fundamentar o que acabo de expor.

CAPÍTULO II

Das primeiras sociedades

A mais antiga de todas as sociedades e a única natural é a família; mesmo se os filhos ficavam ligados ao pai apenas enquanto necessitavam dele para a sua conservação. Assim que se extinguia essa necessidade, o laço natural dissolvia-se. Os filhos, isentos da obediência que deviam ao pai, o pai, isento dos cuidados que devia aos filhos, ingressavam todos em iguais condições na independência. Se continuassem unidos, já não era de forma natural, mas voluntária, e nem a família se mantinha, exceto por convenção.

Esta liberdade comum é uma consequência da natureza do Homem. A sua primeira lei consiste em velar pela sua própria conservação, os seus primeiros cuidados são aqueles que deve a si mesmo; logo que atinge a idade da razão, é o único juiz dos meios adequados para a sua conservação, tornando-se assim o seu próprio senhor.

Por conseguinte, a família é, se se quiser, o primeiro modelo das sociedades políticas: o chefe é o reflexo do pai, o povo é o reflexo dos filhos, e nenhum, nascido igual e livre, abdica da sua liberdade senão pela sua utilidade. Toda a diferença está no facto de, na família, o amor do pai pelos filhos pagar os cuidados que lhes presta, ao passo que, no Estado, o prazer de comandar substitui esse amor que o chefe não tem pelos seus povos.

Grócio nega que todo o poder humano seja instituído em prol daqueles que são governados e cita a escravatura como exemplo. A sua forma mais constante de raciocinar consiste em estabelecer sempre o direito pelo facto.(2) Podia empregar-se um método mais consequente, mas não um mais favorável aos tiranos.

É, pois, duvidoso, segundo Grócio, se o género humano pertence a uma centena de homens ou se essa centena de homens pertence ao género humano, parecendo ao longo de todo o livro pender para a primeira perspetiva. É também esta a inclinação de Hobbes. Eis então a espécie humana, dividida em rebanhos, cada qual com o seu chefe, que o guarda para o devorar.

Como um pastor é de uma natureza superior à do seu rebanho, os pastores de homens, que são os seus chefes, são igualmente de uma natureza superior à dos seus povos. Assim argumentava, segundo Fílon, o imperador Calígula, que, a partir desta analogia, concluía corretamente que os reis eram deuses ou que os povos eram animais.

O raciocínio desse Calígula corresponde ao de Hobbes e Grócio. Aristóteles, antes de todos eles, dissera também que os homens não são naturalmente iguais, mas que uns nascem para a escravatura e os outros para a submissão (*).

---

(2) «Os estudos eruditos sobre o direito público resumem-se amiúde à história dos antigos abusos, e é um esforço mal aplicado dedicarmo-nos em demasia ao seu estudo.» (*Traité manuscrit des intérêts de la France avec ses voisins,* pelo marquês d'Argenson). É precisamente isto que faz Grócio.

(*) Cf. *Política,* I, 2, 1252a. (Todas as notas assinaladas com asterisco são do tradutor).

Aristóteles tinha razão; porém, tomava o efeito pela causa. Um homem nascido na escravatura nasce para a escravatura, nada é mais certo. Os escravos perdem tudo nas suas cadeias, até o desejo de se libertarem delas; amam a sua servidão como os companheiros de Ulisses amavam o seu embrutecimento.([3]) Logo, se existem escravos por natureza, é porque existiram escravos contra a natureza. A força gerou os primeiros escravos; a sua cobardia perpetuou-os.

Nada disse do rei Adão, ou do imperador Noé, pai de três grandes monarcas que partilharam entre si o universo, como fizeram os filhos de Saturno, com quem foram identificados. Espero que me reconheçam esta moderação; porque, descendendo diretamente de um desses príncipes e quiçá do ramo do primogénito, sei lá se, mediante a verificação dos títulos, não se descobriria ser eu o legítimo rei do género humano? Seja como for, não se pode negar que Adão foi soberano do mundo como Robinson da sua ilha, enquanto foi o seu único habitante; e o que era mais cómodo nesse império era que o monarca, seguro no seu trono, não tinha de recear nem rebeliões, nem guerras, nem conspiradores.

([3]) Veja-se um pequeno tratado de Plutarco intitulado *Que les bêtes usent de raison.*

CAPÍTULO III

Do direito do mais forte

O mais forte nunca é forte o suficiente para ser sempre o senhor, se não transformar a sua força em direito e a obediência em dever. Donde o direito do mais forte; direito tratado com aparente ironia e estabelecido realmente em princípio. Mas alguma vez alguém nos explicará este termo? A força é um poder físico; não vejo que moralidade pode resultar dos seus efeitos. Ceder à força é um ato de necessidade, não de vontade; é, quando muito, um ato de prudência. Em que sentido poderá ser um dever?

Pensemos um instante neste pretenso direito. Eu digo que dele não resulta senão um aranzel inexplicável. De facto, a partir do momento em que é a força a fazer o direito, o efeito muda com a causa; toda a força que suplanta a primeira [força] herda o seu direito. Logo que se pode desobedecer impunemente, pode desobedecer-se legitimamente, e, uma vez que o mais forte tem sempre razão, a única coisa a fazer é assegurar de que se é o mais forte. Pois bem, o que é um direito que morre quando a força cessa? Se é preciso obedecer pela força, já não há necessidade de obedecer por dever, e, se já não se é forçado a obedecer, já não se é obrigado. Vê-se, pois, que este termo «direito» não acrescenta nada à força; nesta circunstância, não significa absolutamente nada.

«Obedecei aos poderes.» (*) Se isso significar «cedei à força», o preceito é bom embora supérfluo; posso garantir que jamais será violado. Admito que todo o poder vem de Deus; mas também todas as doenças. Quer isto dizer que estamos proibidos de chamar o médico? Se um salteador me ataca no recesso de um bosque, tenho de dar a minha bolsa à força, mas, se puder ficar com ela, estarei eu, em consciência, obrigado a dar-lha? Afinal, a pistola que empunha é também ela um poder.

Posto isto, convenhamos que a força não produz o direito e que ninguém é obrigado a obedecer senão aos poderes legítimos. Acabamos sempre por voltar à minha questão inicial.

(*) Referência ao início do Capítulo 13 da 1.ª Carta aos Romanos de Paulo que diz: «Que todos se submetam às autoridades públicas [...].» (*Bíblia Sagrada*, Difusora Bíblica, Fátima, 2012.)

CAPÍTULO IV

Da escravatura

Uma vez que nenhum homem tem autoridade natural alguma sobre o seu semelhante e uma vez que a força não produz nenhum direito, restam assim as convenções como base de toda a autoridade legítima entre os homens.

Se um particular, diz Grócio, pode alienar a sua liberdade e tornar-se escravo de um senhor, porque não poderia um povo inteiro alienar a sua [liberdade] e tornar-se súbdito de um rei? Há, nesta questão, muitos termos equívocos que necessitariam de explicação, mas fixemo-nos em «alienar». Alienar significa dar ou vender. Ora, um homem que se torna escravo de um outro não se dá, vende-se, quando muito, pela sua subsistência. Mas um povo, porque não se vende ele? Um rei, longe de prover à subsistência dos seus súbditos, retira a sua deles; e um rei não vive de pouco, segundo Rabelais. Os súbditos darão, por isso, a sua pessoa na condição de que assuma também a sua propriedade? Não sei o que lhes resta para conservar.

Alguns dirão que o déspota garante aos seus súbditos a tranquilidade civil. Seja. Mas que ganharão eles, se as guerras em que a sua ambição os faz cair, se a sua insaciável ganância, se as humilhações do seu ministério os assolam mais do que fariam alguma vez as suas próprias dissensões? Que ganharão eles, se essa mesma tranquilidade constituir uma das suas desgraças? Também se vive tranquilo numa prisão; será isso suficiente para que nos sintamos confortáveis nela? Os gregos encerrados no antro do Ciclope viviam aí tranquilos, esperando a sua vez de serem devorados.

Afirmar que um homem se dá gratuitamente é dizer algo absurdo e inconcebível; um tal ato é ilegítimo e nulo, pela simples razão de que aquele que assim age não está no seu perfeito juízo. Afirmar a mesma coisa de um povo inteiro é pressupor um povo de loucos, e a loucura não cria o direito.

Ainda que cada um se pudesse alienar a si mesmo, não pode alienar os seus filhos. Eles nascem homens e livres. A sua liberdade pertence-lhes, ninguém tem o direito de dispor dela senão eles. Antes de chegarem à idade da razão, o pai pode, em seu nome, estipular certas condições para a sua conservação, para o seu bem-estar, mas não pode dá-las irrevogável e incondicionalmente; pois um tal dom mostra-se contrário aos fins da natureza e excede os direitos da paternidade. Por conseguinte, para que um governo arbitrário fosse legítimo, seria necessário que, a cada geração, o povo fosse senhor de o aceitar ou rejeitar. Mas, nesse caso, esse governo já não seria arbitrário.

Renunciar à liberdade significa renunciar à sua qualidade de homem, aos direitos da humanidade, inclusive aos seus deveres. Não há nenhuma compensação possível para alguém que renuncia a tudo. Uma tal renúncia é incompatível com a natureza do Homem; e subtrair toda a moralidade das suas ações equivale a subtrair toda a liberdade da sua vontade. Afinal de contas, é uma convenção estéril e contraditória estipular, por um lado, uma autoridade absoluta e, por outro, uma obediência sem limites.

Não será claro que não temos compromisso algum para com aquele a quem temos o direito de tudo exigir e que esta condição, sem equivalente, sem reciprocidade, implica de imediato a nulidade do ato? Pois, que direito teria o meu escravo contra mim, se tudo aquilo que ele possui me pertence e se, sendo o seu direito o meu, esse direito de mim contra mim mesmo é um termo desprovido de qualquer sentido?

Grócio e os outros veem na guerra uma outra origem do pretenso direito de escravatura. Dado que o vencedor, segundo eles, tem o direito de matar o vencido, este pode recomprar a sua vida à custa da sua liberdade; convenção tanto mais legítima quanto beneficia ambas as partes.

Mas é evidente que este pretenso direito de matar os vencidos não resulta de forma alguma do estado de guerra. E isto pelo simples facto de os homens, na sua independência primitiva, não terem entre eles uma relação suficientemente constante para instituir quer o estado de paz, quer o estado de guerra, não podendo por isso ser naturalmente inimigos. É a relação entre as coisas e não entre os homens que institui a guerra, e, porque o estado de guerra não pode nascer das simples relações pessoais, mas apenas das relações reais, a guerra privada ou entre um homem e outro não pode existir nem no estado de natureza, em que não há propriedade constante, nem no estado social em que tudo está sob a autoridade das leis.

Os combates particulares, os duelos, os recontros são atos que não constituem um estado; e, no caso das guerras privadas, autorizadas pelos éditos de Luís IX, rei de

França, e suspensas pela paz de Deus(*), são abusos do governo feudal, sistema absurdo como nunca houve um, contrário aos princípios do direito natural e a toda a boa organização social [*politie*].

A guerra não é, pois, uma relação entre um homem e outro, mas uma relação entre um Estado e outro, na qual os particulares só acidentalmente são inimigos, não como homens nem mesmo como cidadãos(4), mas como soldados; não como membros da pátria, mas como seus defensores. Afinal, um Estado só pode ter por inimigos outros Estados e não homens, visto que entre coisas de naturezas distintas não é possível fixar nenhuma verdadeira relação.

Este princípio adequa-se inclusive às máximas estabelecidas em todos os tempos e com a prática contínua de todos os povos organizados politicamente. As declarações

---

(*) A «paz de Deus» refere-se aos decretos da Igreja que proibiam guerras feudais em determinados dias.

(4) Os Romanos, que foram a nação do mundo que melhor compreendeu e mais respeitou o direito da guerra, revelavam um tal escrúpulo neste domínio que não era permitido a um cidadão servir como voluntário sem se comprometer expressamente a combater o inimigo, e contra um inimigo nomeado especificamente. Quando desmobilizaram uma legião na qual Catão, o filho, cumpriu a sua primeira campanha sob o comando de Popílio, Catão, o pai, escreveu a Popílio dizendo que, se queria que o filho continuasse a servir sob o seu comando, era preciso levá-lo a prestar um novo juramento militar, pois, tendo o primeiro sido anulado, já não podia pegar em armas contra o inimigo. E o mesmo Catão escreveu ao seu filho dizendo que evitasse apresentar-se ao combate caso não tivesse prestado esse novo juramento. Eu sei que talvez me contrariem com o cerco de Clúsio e outros factos singulares, mas eu cito leis e costumes. Os Romanos são aqueles que menos vezes transgrediram as suas leis; e as suas eram as mais belas de todas. (Nota de Rousseau à edição de 1782.)

de guerra não são tanto avisos às potências [envolvidas] quanto aos seus súbditos. O estrangeiro, seja ele rei, particular ou povo, que rouba, mata ou prende os súbditos sem declarar guerra ao príncipe não é um inimigo, é um salteador. Mesmo em plena guerra, um príncipe justo apodera-se de tudo o que pertence ao público, mas respeita a pessoa e os bens dos indivíduos, respeita os direitos sobre os quais são fundados os seus próprios. Visto que a finalidade da guerra é a destruição do Estado inimigo, temos o direito de matar os seus defensores enquanto estão armados; mas, logo que depõem as armas e se rendem, quando deixam de ser inimigos ou instrumentos do inimigo, voltam a ser simplesmente homens e já não temos nenhum direito sobre a sua vida. Por vezes, pode matar-se o Estado sem matar um só dos seus membros. Pois bem, a guerra não dá direito algum que não seja necessário ao seu fim. Estes não são os princípios de Grócio; não se fundam na autoridade dos poetas, mas derivam da natureza das coisas e fundam-se na razão.

No caso do direito de conquista, não existe outro fundamento exceto a lei do mais forte. Se a guerra não dá ao vencedor o direito de massacrar os povos vencidos, esse direito que não é seu não pode fundar o direito de os subjugar. Só temos o direito de matar o inimigo quando é impossível fazer dele escravo; o direito de fazer dele escravo não se deduz, portanto, do direito de o matar. Por conseguinte, fazê-lo comprar, ao preço da sua liberdade, a sua vida, sobre a qual não tem qualquer direito, é uma troca iníqua. Quando o direito de vida e de morte se baseia no direito de escravatura, e o direito de escravatura no direito de vida e de morte, não se torna claro que se cai num círculo vicioso?

Ainda que supuséssemos esse terrível direito de matar tudo, eu replicaria que um escravo gerado pela guerra ou um povo conquistado não tem obrigação nenhuma para com o seu senhor, salvo obedecer-lhe enquanto for forçado a isso. O vencedor não lhe concede qualquer graça, quando toma para si o equivalente à sua vida: em lugar de o matar sem proveito algum, mata-o utilmente. Longe, pois, de ter adquirido sobre ele uma qualquer autoridade associada à força, o estado de guerra subsiste entre eles como antes, as suas próprias relações são consequência disso, e o costume do direito da guerra não supõe nenhum tratado de paz. Eles firmaram uma convenção. Seja. Mas essa convenção, em vez de destruir o estado de guerra, pressupõe a sua continuidade.

Deste modo, seja qual for a perspetiva com que vemos as coisas, o direito de escravatura é nulo, não só porque é ilegítimo, mas porque é absurdo e não significa nada. Os termos «escravatura» e «direito» são contraditórios; excluem-se mutuamente. Seja de um homem sobre outro homem, seja de um homem sobre um povo, este [tipo de] discurso será sempre igualmente absurdo: «Estabeleço contigo uma convenção que lança sobre ti todas as despesas e deixa para mim todos os proventos, que seguirei enquanto quiser e tu seguirás enquanto eu quiser.»

CAPÍTULO V

De ser sempre preciso voltar a uma primeira convenção

Se admitisse tudo o que refutei até agora, os fautores do despotismo não estariam em melhor posição. Existirá sempre uma grande diferença entre submeter uma multidão e reger uma sociedade. Ainda que homens dispersos se sujeitassem continuamente a um só, fosse qual fosse o seu número, veria nisso somente uma relação entre senhor e escravos, e não entre um povo e o seu chefe. Seria, se quisermos, uma agregação, mas não uma associação; não existe nem bem público, nem corpo político. Esse homem, tivesse ele sujeitado meio mundo, seria sempre um particular; o seu interesse, alheio do dos outros, seria sempre apenas um interesse privado. Se este mesmo homem falecesse, após a sua existência o seu império continuaria disperso e desunido, como um carvalho se dissolve e desaba num monte de cinzas após ser consumido pelo fogo.

Um povo, diz Grócio, pode dar-se a um rei. Segundo Grócio, um povo é, por conseguinte, um povo antes de se dar a um rei. Este mesmo dom é um ato civil e supõe uma deliberação pública. Antes, pois, de examinar o ato pelo qual um povo elege um rei, seria útil examinar o ato pelo qual um povo é um povo. Visto este ato ser necessariamente anterior ao outro, representa o verdadeiro fundamento da sociedade.

Com efeito, se não houvesse convenção antecedente alguma, no que residiria — caso a eleição não fosse unânime — a obrigação de o pequeno número se submeter à escolha da maioria e o direito de cem que votam a favor de um senhor contra os dez que não o desejam? A lei da maioria dos votos é, ela própria, uma convenção estabelecida e supõe, pelo menos uma vez, a existência de uma unanimidade.

CAPÍTULO VI

Do pacto social

Suponho que os homens chegam a um ponto em que os obstáculos que lesam a sua conservação no estado de natureza superam a resistência das forças que cada indivíduo pode empregar para se manter nesse estado. Nessa circunstância, esse estado primitivo já não pode subsistir, e o género humano pereceria se não alterasse o seu modo de existência.

Ora bem, como os homens não podem gerar novas forças, mas apenas juntar e dirigir aquelas que existem, não têm outro meio para se conservar senão formar, por agregação, uma totalidade de forças que possa superar os obstáculos que lhes resistem, orientá-las segundo uma única motivação e fazê-las agir concertadamente.

Esta totalidade de forças não pode nascer exceto da combinação de muitos; mas, sendo a forma e a liberdade de cada homem os primeiros instrumentos da sua conservação, como as usará ele sem se prejudicar e sem negligenciar os cuidados que deve a si mesmo? Esta dificuldade, transportada para o meu tema, pode enunciar-se nestes termos:

«Encontrar uma forma de associação que defenda e proteja de toda a força comum a pessoa e os bens de cada associado e pela qual cada um, unindo-se a todos, não obedeça, contudo, a ninguém e continue tão livre como antes.» É este o problema fundamental para o qual o contrato social dá a solução.

As cláusulas do contrato são de tal modo determinadas pela natureza do ato que a menor modificação as tornaria supérfluas e de efeito nulo; de maneira que, embora nunca tenham sido formalmente enunciadas, elas são por toda a parte as mesmas, por toda a parte tacitamente admitidas e reconhecidas; isto a ponto de, em caso de o pacto ser violado, cada um reentrar então nos seus primeiros direitos e retomar a sua liberdade natural, perdendo essa liberdade convencional que o levou a renunciar a ela.

Essas cláusulas, se bem entendidas, reduzem-se todas a uma só, a saber, a alienação total de cada associado, com todos os seus direitos, a toda a comunidade; pois, em primeiro lugar, quando todos se dão totalmente, a condição é igual para todos, e, sendo a condição igual para todos, ninguém está interessado em a tornar onerosa para os outros.

Além disso, se a alienação se fizer sem reservas, a união é tão perfeita quanto possível e nenhum associado terá algo a reclamar; porque, se os indivíduos retivessem ainda alguns direitos, como não haveria nenhum superior comum que pudesse decidir entre eles e o público, cada um seria o seu próprio juiz em certos pontos e logo tentaria sê-lo em todos os outros, mantendo-se assim o estado de natureza, e a associação acabaria necessariamente por se tornar tirânica ou sem sentido.

Por fim, quando cada um se dá a todos, não se dá a ninguém, e, como não existe um associado sobre o qual não se adquire o mesmo direito que se lhe concede, ganha-se o equivalente de tudo o que se perde e mais força para conservar o que se tem.

Se, então, pusermos de lado tudo o que não é essencial ao pacto social, descobriremos que se reduz aos seguintes termos: *cada um de nós partilha a sua pessoa e todo o seu poder sob a suprema direção da vontade geral; e recebemos enquanto corpo cada membro como parte indivisível do todo.*

De imediato, este ato de associação produz, em lugar da pessoa particular de cada contratante, um corpo moral e coletivo com tantos membros quantos os votos na assembleia, a qual recebe por esse mesmo ato a sua unidade, o seu *eu* comum, a sua vida e a sua vontade. Esta pessoa pública que se forma assim pela união de todas as outras assumia outrora o nome de cidade(5) e toma agora o de *república* ou de *corpo político*, o qual é designado pelos seus

(5) O verdadeiro sentido deste termo perdeu-se quase por inteiro entre os [escritores] modernos: a maior parte pensa numa urbe como se fosse uma cidade e num burguês [*bourgeois*] como um cidadão. Não sabem que as casas fazem a urbe, mas que os cidadãos fazem a cidade. Este erro custou outrora caro aos Cartagineses. Nunca li que o título de *cives* tivesse alguma vez sido atribuído aos súbditos de um príncipe, nem mesmo nos antigos macedónios, nem nos nossos dias entre os Ingleses, embora fossem mais livres do que todos os outros. Só os Franceses ganharam esse hábito de chamarem a si mesmo *cidadãos*; e isso porque não têm ideia nenhuma do que significa verdadeiramente, como se pode ver nos seus dicionários; caso contrário, seriam acusados de crime de lesa-majestade por o usurpar. Quando Bodin quis falar sobre os nossos cidadãos e burgueses, cometeu um equívoco ao tomar uns pelos outros. D'Alembert não se enganou a este respeito e distinguiu convenientemente, no seu artigo *Genebra*, as quatro classes de homens (cinco, aliás, incluindo os estrangeiros) que habitam na nossa cidade, das quais apenas duas compõem a república. Que eu saiba, nenhum outro autor francês compreendeu o verdadeiro sentido do termo *cidadão*.

membros *Estado,* quando é passivo, *soberano,* quando é ativo, e *poder,* quando o comparam aos seus semelhantes. Em relação aos associados, assumem coletivamente o nome de *povo* e chamam-se em particular *cidadãos,* enquanto participantes da autoridade soberana, e *súbditos,* enquanto sujeitos às leis do Estado. Mas estes termos confundem-se com frequência e tomam-se um pelo outro; basta saber distingui-los quando são empregados rigorosamente.

CAPÍTULO VII

Do soberano

Esta fórmula permite-nos ver que o ato de associação encerra um compromisso recíproco do público com os particulares e que cada indivíduo, assumindo um contrato, por assim dizer, consigo mesmo, se acha comprometido numa dupla relação: como membro do soberano em relação aos particulares e como membro do Estado em relação ao soberano. Não é, todavia, possível aplicar aqui a máxima do direito civil de que ninguém está obrigado aos compromissos assumidos consigo mesmo; de facto, existe claramente uma diferença entre ter uma obrigação para consigo mesmo e para com um todo do qual se faz parte.

Note-se ainda que a deliberação pública, que pode pôr todos os súbditos debaixo de uma obrigação para com o soberano, por conta das duas relações diferentes pelas quais cada um deles é visado, não pode, pela razão contrária, obrigar o soberano em relação a si mesmo e que, como tal, é contra a natureza do corpo político que o soberano se imponha uma lei que não pode infringir. Uma vez que não se pode considerar senão sob uma única e mesma relação, encontra-se, por isso, na mesma situação de um particular que contrata consigo mesmo; donde se conclui que não há nem pode haver, neste caso, nenhuma espécie de lei fundamental obrigatória para o povo como um corpo, nem mesmo o contrato social. O que não significa que este corpo não possa muito bem comprometer-se com outrem num outro assunto que não infrinja este contrato; pois, quanto às relações com outras nações, ele é um ser único, um indivíduo.

Contudo, na medida em que é da santidade do contrato que o corpo político ou o soberano extrai o seu ser, ele jamais pode obrigar-se, mesmo em relação a outrem, a algo que infrinja esse ato primitivo, como alienar qualquer porção de si mesmo ou submeter-se a um outro soberano. Violar o ato pelo qual existe seria aniquilar-se, e o que é nada não produz nada.

Assim, mal esta multidão se reúne num corpo, não é possível ferir um dos seus membros sem atacar o corpo e, ainda menos, ferir o corpo sem que os membros se ressintam. Logo, o dever e o interesse obrigam igualmente os dois partidos contratantes a auxiliarem-se mutuamente, e os mesmos homens devem procurar reunir sob esta dupla relação todos os benefícios que dependem dela.

Ora, visto que o soberano se forma unicamente dos particulares que o compõem, não há nem pode haver interesse contrário ao seu; por conseguinte, o poder soberano não tem necessidade de garantia em relação aos súbditos, porque é impossível que o corpo queira lesar todos os seus membros; e veremos mais à frente que não pode lesar nenhum em particular. O soberano, em virtude de ser quem é, é sempre tudo o que deve ser.

Mas as coisas não se passam desta forma para o soberano na sua relação com os súbditos, porquanto, apesar do interesse comum, nada garante o seu compromisso se não houver meios de assegurar a sua fidelidade.

Efetivamente, cada indivíduo pode, como homem, ter uma vontade particular contrária ou distinta da vontade geral que tem como cidadão. O seu interesse particular pode falar-lhe de uma forma muito diversa da do interesse comum; a sua existência absoluta e naturalmente independente pode fazê-lo considerar o que deve à causa comum como uma contribuição gratuita, cuja perda para os outros será menos prejudicial do que o pagamento é para si; e, quando considera a pessoa moral que constitui o Estado como um ser abstrato, na medida em que não é um homem, gozaria então dos direitos do cidadão sem desejar cumprir os deveres do súbdito, injustiça cujo alastramento causaria a ruína do corpo político.

Para que o pacto social não seja por isso uma fórmula vazia, ele contém tacitamente esse compromisso, o qual, pode, por si só, dar força aos restantes: que quem se recusar a obedecer à vontade geral seja compelido a fazê-lo por todo o corpo. O que significa tão-somente que será forçado a ser livre, porquanto essa é a condição que, ao entregar cada cidadão à pátria, o salvaguarda de toda a dependência de outrem. Esta condição constitui o artifício e o jogo da máquina política; e é a única que torna os compromissos civis legítimos, que seriam absurdos e tirânicos sem ela, sujeitos aos maiores abusos.

CAPÍTULO VIII

Do estado civil

Esta passagem do estado de natureza ao estado civil engendra no Homem uma mudança notável quando substitui, na sua conduta, o instinto pela justiça, conferindo às suas ações a moralidade de que carecia anteriormente. Só quando a voz do dever sucede ao impulso físico e o direito, ao desejo [*appétit*] é que o Homem, que até esse instante se considerava apenas a si mesmo, se vê forçado a agir segundo outros princípios e a consultar a sua razão antes de escutar as suas inclinações. Embora, neste estado, se prive de muitos benefícios que a natureza lhe faculta, adquire outros tão grandes, as suas faculdades exercitam-se e desenvolvem-se, as suas ideias engrandecem-se, os seus sentimentos enobrecem-se, a sua alma eleva-se a tal ponto que, se os abusos desta nova condição não o reduzirem com frequência a uma condição inferior àquela da qual saiu, ele deveria bendizer continuamente o feliz momento que para sempre o arrancou dele e que, de um animal imbecil e limitado, criou um ser inteligente e um homem.

Sintetizemos todo este balanço em termos fáceis de comparar. O que o Homem perde através do contrato social é a sua liberdade natural e um direito ilimitado a tudo o que o tenta e que pode alcançar; o que ganha é a liberdade civil e a propriedade de tudo o que possui. Para não se enganar nas suas vantagens compensatórias, deve distinguir claramente entre a liberdade natural, que tem por limite apenas as forças do indivíduo, e a liberdade civil, que é limitada pela vontade geral, e entre a posse, que não é senão a força ou o direito do primeiro ocupante, e a propriedade que só se pode fundar sobre um direito [*titre*] positivo.

Ao que fica dito, seria possível acrescentar a liberdade moral à aquisição do estado civil, a única que torna o Homem verdadeiramente senhor de si; porque o mero impulso do desejo é escravatura, e a obediência à lei que se prescreveu a si mesmo é liberdade. Mas já falei demasiado deste assunto, e o sentido filosófico do termo *liberdade* não é aqui o meu tema.

CAPÍTULO IX

Do domínio real

Cada membro da comunidade, no momento da sua formação, se entrega a ela tal como é nesse instante, juntamente com os seus recursos, dos quais fazem parte os bens que possui. Não significa que por este ato a posse mude de natureza ao mudar de mãos e se torne propriedade nas do soberano; mas, como as forças da cidade são incomparavelmente maiores do que as de um particular, a posse pública é também, de facto, mais forte e irrevogável, sem ser mais legítima, pelo menos para os estrangeiros. Com efeito, em relação aos seus membros, o Estado é senhor de todos os seus bens segundo o contrato social, que no Estado serve de fundamento a todos os direitos; no entanto, não o é em relação às outras posses senão segundo o direito de primeiro ocupante que recebe dos particulares.

O direito de primeiro ocupante, conquanto mais real do que o do mais forte, não se torna um verdadeiro direito senão após o estabelecimento do [direito] de propriedade. Todos os homens têm naturalmente direito a tudo o que lhes é necessário; porém, o ato positivo que o torna proprietário de um qualquer bem exclui-o de tudo o resto. Logo que obtém a sua parte, deve limitar-se a ela e já não tem direito algum sobre [os bens] da comunidade. Eis porque o direito de primeiro ocupante, tão frágil no estado de natureza, é respeitado por todo o Homem civil. Debaixo deste direito, respeita-se menos o que é de outrem do que aquilo que não nos pertence.

Em geral, para justificar o direito de primeiro ocupante num dado pedaço de terra, as seguintes condições devem ser cumpridas: primeiramente, que esse pedaço de terra não esteja ainda habitado por ninguém; em segundo lugar, que não ocupemos nele senão a quantidade de que temos necessidade para subsistir; em terceiro, que tomemos posse dele, não por meio de uma cerimónia frívola, mas através do trabalho e da cultura, único sinal de propriedade que, na ausência de títulos jurídicos, deve ser respeitado pelos demais.

De facto, atribuir à necessidade e ao trabalho o direito de primeiro ocupante não significará estendê-lo tão longe quanto pode ir? Não podemos estabelecer limites a esse direito? Bastará pôr um pé num terreno comum para logo nos considerarmos seus senhores? Será suficiente ter-se a força para afastar por um momento os outros homens para os destituir do direito a regressar? De que modo pode um homem ou um povo tomar posse de um território imenso e privar dele todo o género humano a não ser por uma usurpação condenável, dado que retira aos outros homens o lugar que habitam e os alimentos que a natureza dá a todos? Quando Nuñez Balboa tomou posse, ao largo da costa, do mar do Sul e de toda a América Meridional em nome da coroa de Castela, seria isso o bastante para despojar todos os habitantes e excluir todos os príncipes do mundo? Se assim fosse, estas cerimónias multiplicar-se-iam sem nenhuma utilidade, e o rei católico teria apenas de ficar no seu gabinete e tomar posse, de uma só vez, de todo o universo; na condição de remover depois do seu império tudo o que os anteriores príncipes já possuíam.

Vê-se como as terras dos particulares agregadas e contíguas se tornam território público, e como o direito de soberania que se estende dos sujeitos à terra que ocupam se torna simultaneamente real e pessoal; o que põe os proprietários numa grande dependência e das próprias forças forja a garantia da sua fidelidade. Uma vantagem que não parece ter sido sentida claramente pelos antigos monarcas, que, apelidando-se simplesmente de rei dos Persas, dos Citas, dos Macedónios, pareciam considerar-se mais como líderes de homens do que como senhores do país. Os atuais designam-se mais comummente reis de França, Espanha, Inglaterra, etc. Ao possuírem a terra, têm a certeza de possuir os seus habitantes.

O que existe de singular nesta alienação é o facto de, quando a comunidade aceita os bens dos particulares, ela não os despojar deles de nenhuma forma, mas assegurar-lhes, em vez disso, a sua posse legítima, transformando a usurpação num verdadeiro direito e o usufruto em propriedade. Assim, quando os proprietários são considerados como depositários do bem público, os seus direitos respeitados por todos os membros do Estado e mantidos com todas as forças contra o estrangeiro por uma renúncia vantajosa [dos bens] em favor do público e mais ainda deles mesmos, eles adquirem, por assim dizer, tudo o que deram. Paradoxo que facilmente se explica através da distinção entre direitos que o soberano e o proprietário têm sobre o mesmo património, como se verá de seguida.

Pode acontecer também que os homens comecem a unir-se antes de possuir alguma coisa e que, apoderando-se em seguida de um pedaço de terra suficiente para todos, usufruam dela em comum, ou que a partilhem entre eles, de forma igualitária ou segundo proporções estabelecidas pelo soberano. Independentemente da forma dessa aquisição, o direito que cada particular tem sobre o seu próprio património está sempre subordinado ao direito que a comunidade tem sobre todos, sem o qual não haveria nem solidez na união social, nem força real no exercício da soberania.

No final deste capítulo e deste livro, terminarei com uma nota que deve servir de base a todo o sistema social: a de que, em vez de destruir a igualdade natural, o pacto fundamental, pelo contrário, substitui por uma igualdade moral e legítima o que a natureza estabelecera como desigualdade física entre os homens; e que, embora possam ser desiguais em força e génio, se tornam todos iguais por convenção e pelo direito. (6)

---

(6) Sob o domínio dos maus governos, essa igualdade é mera aparência e ilusão, servindo apenas para manter o pobre na sua miséria e o rico na sua usurpação. Na realidade, as leis são sempre úteis aos que possuem e prejudiciais aos que não têm nada; donde se segue que o estado social não é vantajoso aos homens senão enquanto todos têm alguma coisa e ninguém tem em excesso.

LIVRO II

CAPÍTULO I

A soberania é inalienável

A primeira e a mais importante consequência dos princípios atrás estabelecidos é que só a vontade geral pode dirigir as forças do Estado de acordo com o fim da sua instituição, que é o bem comum; na verdade, se a oposição dos interesses particulares tornou necessário o estabelecimento das sociedades, foi o acordo desses mesmos interesses que o possibilitou. É o que há de comum nesses diferentes interesses que forma o vínculo social, e, caso não existisse ponto algum sobre o qual todos os homens acordassem, nenhuma sociedade poderia existir. Ora, é unicamente a partir desse interesse comum que a sociedade deve ser governada.

Afirmo, por isso, que a soberania, sendo o exercício exclusivo da vontade geral, não pode nunca ser alienada e que o soberano, que não passa de um ser coletivo, não pode ser representado senão por si próprio: o poder pode muito bem ser transmitido, mas não a vontade.

De facto, se não é impossível que, num qualquer aspeto, uma vontade particular se harmonize com a vontade geral, é certamente impossível que esse acordo seja duradouro e constante; porque a vontade particular tende naturalmente para as preferências, e a vontade geral para a igualdade. É mais impossível ainda ter-se uma garantia desse acordo, mesmo se deveria sempre existir; tal seria um efeito da arte mais do que do acaso. O soberano pode muito bem dizer: desejo agora o que deseja tal homem ou, quando muito, o que diz desejar; mas não pode dizer: amanhã, também quero o que esse homem quiser; pois é absurdo que a vontade se dê a si mesma grilhões para o futuro e porque não está nas mãos de nenhuma vontade consentir em algo que seja contrário ao bem do ser que deseja. Se, portanto, o povo promete simplesmente obedecer, dissolve-se por meio desse ato, perde a sua qualidade de povo; no momento em que existe um senhor, já não há soberano, e nesse instante o corpo político é destruído.

Isto não significa que as ordens dos chefes não possam passar por vontades gerais, desde que o soberano, livre de se opor a elas, não o faça. Em casos semelhantes, deve presumir-se do silêncio universal o consentimento do povo. Explicar-se-á isto mais detalhadamente.

CAPÍTULO II

A soberania é indivisível

A soberania é inalienável pela mesma razão que a torna indivisível. Efetivamente, ou a vontade é geral[7] ou não é; ela é a vontade do corpo do povo, ou apenas de uma parte. No primeiro caso, essa vontade declarada é um ato de soberania e tem autoridade legal. No segundo, não passa de uma vontade particular ou de um ato de magistratura; quando muito, é um decreto.

Mas os nossos [teóricos] políticos, não podendo dividir a soberania no seu princípio, dividem-na no seu objeto: dividem-na em força e em vontade, em poder legislativo e em poder executivo, em direito de criar impostos, de justiça e de guerra; em administração interna e em poder de tratar com o estrangeiro; ora confundem todas essas partes, ora as separam. Fazem do soberano um ser fantástico e formado de uma manta de retalhos; é como se compusessem o Homem de múltiplos corpos, em que

---

([7]) Para que uma vontade seja geral, nem sempre é necessário que seja unânime, mas é necessário que todos os votos sejam contados; qualquer exceção formal rompe a generalidade.

um teria olhos, o outro, braços, o outro, pés, e mais nada. Os charlatães do Japão, ao que se diz, desmembram uma criança à frente dos espectadores; depois, lançando todos os seus membros ao ar, um após outro, fazem a criança cair viva e inteira. São mais ou menos estes os truques de prestidigitação dos nossos [teóricos] políticos; após terem desmembrado o corpo social por um sortilégio digno de uma feira, reúnem as peças não se sabe como.

Este erro ocorreu porque não possuíam noções exatas da autoridade soberana e por terem tomado por partes dessa autoridade o que não passava de emanações. Assim, por exemplo, considerou-se o ato de declarar a guerra e o de fazer a paz como atos de soberania; coisa que não são, pois nenhum desses atos é uma lei, mas apenas uma aplicação da lei, um ato particular que determina o caso da lei, como se verá claramente quando a ideia associada ao termo *lei* for fixada.

Se examinássemos do mesmo modo as outras divisões, veríamos que nos enganamos sempre que julgamos ver a soberania partilhada, que os direitos que tomamos por partes dessa soberania lhe estão todos subordinados e supõem sempre vontades supremas, de que estes direitos são apenas a execução.

É difícil dizer quanta obscuridade esta falta de exatidão lançou sobre as decisões dos autores em matéria de direito político, quando quiseram avaliar os direitos respetivos dos reis e dos povos segundo os princípios que haviam estabelecido. Cada um poderá ver nos Capítulos III e IV do primeiro livro de Grócio como este erudito e o seu tradutor Barbeyrac se confundem e embaraçam nos seus sofismas, por receio de dizer demasiado ou de não dizer o bastante, segundo os seus pontos de vista, e de fazer chocar os interesses que tinham de conciliar. Grócio, refugiado em França, descontente com a sua pátria e querendo fazer a corte a Luís XIII, a quem dedicou o seu livro, não se poupou a esforços para despojar os povos de todos os seus direitos e cobrir com eles os reis recorrendo a toda a sua arte. Foi essa também a inclinação de Barbeyrac, que dedicou a sua tradução ao rei Jorge I, de Inglaterra. Mas infelizmente a expulsão de Jaime II, que ele apelidou de abdicação, forçou-o a guardar uma certa reserva, a distorcer, a tergiversar, para não retratar Guilherme como um usurpador. Se estes dois escritores tivessem adotado os verdadeiros princípios, todas as dificuldades estariam resolvidas e teriam sido sempre consequentes; mas teriam dito tristemente a verdade e acabado por fazer a corte apenas ao povo. Ora bem, a verdade não leva à fortuna, e o povo não oferece embaixadas, nem cátedras, nem pensões.

CAPÍTULO III

Se a vontade geral pode errar

Segue-se do que fica dito que a vontade geral é sempre justa e tende sempre para a utilidade pública; mas não se segue que as deliberações do povo tenham sempre a mesma justeza. Queremos sempre o nosso bem, mas nem sempre o vemos. O povo nunca pode ser corrompido, mas pode ser ludibriado com frequência, e é somente então que parece querer o que é mau.

Existe, muitas vezes, uma grande diferença entre a vontade de todos e a vontade geral; esta não considera senão o interesse comum, a outra considera o interesse privado, não passando de uma soma de vontades particulares. No entanto, se retirarmos destas mesmas vontades os mais e os menos que se destroem mutuamente ([8]), o que resta das diferenças é a vontade geral.

([8]) «Todos os interesses», diz o marquês d'Argenson, «têm princípios diferentes. O acordo de dois interesses particulares forma-se por oposição ao de um terceiro.» Ele teria podido acrescentar que o acordo de todos os interesses se forma pela oposição ao de cada um. Se não existissem interesses diferentes, mal sentiríamos o interesse comum que nunca encontraria obstáculo; tudo decorreria naturalmente e a política deixaria de ser uma arte.

Se, quando suficientemente informado, o povo deliberasse sem que os cidadãos de modo algum comunicassem entre si, do grande número de pequenas diferenças resultaria sempre a vontade geral, e a deliberação seria sempre boa. Mas, quando ocorrem disputas ou associações parciais à custa de uma maior, a vontade de todas estas associações torna-se geral relativamente aos seus membros e, em particular, relativamente ao Estado. É possível então afirmar que já não existem tantos votantes quanto homens, mas unicamente tantos quanto o número de associações. As diferenças devêm numerosas e apresentam um resultado menos geral. Por fim, sempre que uma dessas associações é tão grande que impera sobre todas as outras, já não tendes como resultado uma soma de pequenas diferenças, mas uma única divergência; desta forma, a vontade geral deixa de existir, e a opinião que prevalece é tão-somente uma opinião particular.

Importa, pois, para que a vontade geral seja devidamente enunciada, que não haja nenhuma sociedade parcial no Estado e que cada cidadão expresse apenas a sua opinião([9]); tal foi a única e sublime instituição do grande Licurgo. Se existem sociedades parciais, é

([9]) «Vera cosa è», diz Maquiavel, «che alcuni divisioni nuocono alle republiche e alcune giovano: quelle nuocono che sono dalle sette e da partigiani accompagnate: quelle giovano che senza sette, senza partigiani si mantengono. Non potento adunque provedere un fondatore d'una republica che non siano nimizicie in quella, ha da proveder almeno che non vi siano sette.» (*Hist. Florent.*, Livro VII.) — «Na verdade, existem divisões que prejudicam uma república e outras que lhe são úteis: as nocivas são as que produzem seitas e partidos; as úteis, as que não se fazem acompanhar de seitas ou partidos. E, porque o fundador de uma república não pode impedir que existam inimizades, é preciso evitar, ao menos, a existência das seitas.»

necessário multiplicar o seu número e evitar a sua desigualdade, como fizeram Sólon, Numa, Servius. Estas são as únicas boas precauções para assegurar que a vontade geral é sempre esclarecida e que as pessoas não se enganam.

CAPÍTULO IV

Dos limites do poder soberano

Se o Estado ou a cidade não passam de uma pessoa moral cuja existência consiste na união dos seus membros e se o mais importante dos seus cuidados é o da sua própria conservação, precisam de uma força universal e compulsiva para mover e dispor cada parte da maneira mais conveniente ao todo. Assim como a natureza dá a cada homem um poder absoluto sobre todos os seus membros, o pacto social dá ao corpo político um poder absoluto sobre todos os seus [membros], e é esse mesmo poder que, dirigido pela vontade geral, recebe, como já afirmei, o nome de soberania.

Por outro lado, além da pessoa pública, devemos ainda considerar as pessoas privadas que a compõem e cuja vida e liberdade são naturalmente independentes dela. Trata-se, por conseguinte, de distinguir claramente os direitos respetivos dos cidadãos e do soberano([10]), e os

([10]) Leitores atentos, não vos apressais, rogo-vos, a acusar-me aqui de contradição. Não pude evitá-la nos termos, dada a pobreza da língua; mas esperai um pouco.

deveres que os primeiros devem cumprir na qualidade de súbditos do direito natural de que devem usufruir na qualidade de homens.

Convém que tudo o que cada um aliene através do pacto social, do seu poder, dos seus bens, da sua liberdade represente simplesmente uma porção de todas as coisas que a comunidade considera importante usar, mas é preciso convir igualmente que só o soberano pode ajuizar essa importância.

Todos os serviços que um cidadão pode prestar ao Estado, deve prestá-los logo que o soberano os exija; mas o soberano, por seu lado, não pode impor aos súbditos nenhuma restrição inútil à comunidade; não pode sequer desejá-lo; porque segundo a lei da razão, como segundo a lei da natureza, nada é feito sem causa.

Os compromissos que nos ligam ao corpo social não são obrigatórios exceto na medida em que são mútuos, e a sua natureza é tal que, ao cumpri-los, não é possível trabalhar para outrem sem trabalhar ao mesmo tempo para si mesmo. Por que razão é a vontade geral sempre justa e por que razão é a felicidade de cada um o desejo de todos, se não for porque não há ninguém que não aplique este termo, *cada um*, a si próprio e não pense em si quando vota por todos? O que prova que a igualdade de direito e a noção de justiça que ela produz resultam da preferência que cada um tem e, por consequência, da natureza do Homem; que a vontade geral para ser verdadeiramente tal deve partir de todos para se aplicar a todos, e que ela perde a sua retidão natural quando tende para qualquer objeto individual e determinado, porque nesse momento, ao julgar aquilo que nos é alheio, não temos nenhum princípio de equidade que nos oriente.

Na verdade, quando se trata de um facto ou de um direito particular sobre um ponto que não foi regulado por uma convenção geral ou anterior, o assunto torna-se contencioso. É como um processo [legal] em que os particulares interessados são uma das partes, e o público, a outra, mas em que eu não vejo nem a lei que é preciso seguir, nem o juiz que a deve pronunciar. Em tais circunstâncias, seria ridículo querer reportar-se a uma decisão explícita da vontade geral, que só pode ser a conclusão retirada por uma das partes e que, por consequência, não é para o outro senão uma vontade alheia, particular, inclinada nesta ocasião para a injustiça e sujeita ao erro. Desta forma, assim como uma vontade particular não pode representar a vontade geral, também a vontade geral muda de natureza se tiver de lidar com um caso particular e não pode como [vontade] geral pronunciar-se nem sobre um homem nem sobre um facto. Quando o povo de Atenas, por exemplo, nomeava ou expulsava os seus chefes, concedia honras a um, impunha castigos a outro e, por meio de uma multiplicidade de decretos particulares, exercia indistintamente todas as funções do governo, o povo já não tinha então vontade geral propriamente dita; já não agia como soberano, mas como magistrado. Isto parecerá contrário às ideias mais comuns; mas é preciso dar-me tempo para expor as minhas.

Do que fica dito deve concluir-se que aquilo que generaliza a vontade é menos o número de votos do que o interesse comum que os une; porque, sob esta instituição, cada um se submete necessariamente às condições que impõe aos outros; harmonia admirável entre o interesse e a justiça, que dá às deliberações comuns um carácter de equidade que vemos desaparecer na discussão de toda a questão particular, devido à ausência de um interesse comum que una e identifique a regra do juiz com a da parte.

Seja qual for a perspetiva com que abordamos este princípio, chegamos sempre à mesma conclusão: a de que o pacto social estabelece entre os cidadãos uma tal igualdade que todos se comprometem sob as mesmas condições, devendo todos usufruir dos mesmos direitos. Deste modo, pela natureza do pacto, todo o ato de soberania, isto é, todo o ato autêntico da vontade geral, obriga ou favorece de igual forma todos os cidadãos, de sorte que o soberano conhece apenas o corpo da nação e não distingue nenhum dos que a compõem. Sendo assim, que é exatamente um ato de soberania? Não é uma convenção do superior com o inferior, mas uma convenção do corpo com cada um dos seus membros. Convenção legítima, porque ela tem por base o contrato social, equitativa, porque é comum a todos, útil, porque não pode ter como objeto senão o bem geral, e sólida, porque tem como garantia a força pública e o poder supremo. Na medida em que os súbditos só estão submetidos a tais convenções, eles não obedecem a ninguém, mas unicamente à sua própria vontade; e perguntar-se até onde se estendem os direitos respetivos do soberano e dos cidadãos é perguntar-se até que ponto estes se podem comprometer consigo mesmos, cada um com todos e todos com cada um.

Vemos assim que o poder soberano, absoluto, sagrado, inviolável como é, não passa nem pode passar os limites das convenções gerais e que todo o Homem pode dispor plenamente dos bens e da liberdade que estas convenções lhe deixaram; de modo que o soberano nunca tem o direito de sobrecarregar mais um súbdito do que outro, pois nesse caso, visto que o assunto se torna particular, o seu poder já não é competente.

Uma vez admitidas estas distinções, é totalmente falso que sob o contrato social exista da parte dos particulares alguma renúncia verdadeira, mas, antes, que a sua situação, pelo efeito desse contrato, seja realmente preferível ao que existia antes e que, em lugar de uma alienação, acabem por fazer uma troca vantajosa de uma maneira de ser incerta e precária por uma outra melhor e mais segura, da independência natural pela liberdade, do poder de lesar outrem pelo da sua própria segurança e da sua força, que outros podiam superar, por um direito que a união social torna invencível. Mesmo as suas próprias vidas, que entregaram ao Estado, são continuamente protegidas por ele, e, quando as expõem em sua defesa, que mais fazem do que devolver o que receberam dele? Que farão eles que não fizessem com mais frequência e com maior perigo no estado de natureza, quando, entrando em combates inevitáveis, defenderiam a expensas da sua vida o que é útil para a conservar? É verdade que todos devem combater pela pátria, em caso de necessidade; mas também é verdade que ninguém tem de combater por si mesmo. Não será ainda uma vantagem, pelo que garante a nossa segurança, correr uma parte dos riscos que seria preciso correr por nós mesmos se ela nos fosse retirada?

CAPÍTULO V

Do direito de vida e de morte

Pergunta-se como é que, não tendo os particulares direito a dispor da própria vida, podem transmitir ao soberano esse mesmo direito que não possuem. Esta questão parece difícil de responder apenas porque está mal elaborada. Todo o Homem tem o direito de arriscar a sua própria vida para a conservar. Terá alguém afirmado alguma vez que quem se lança de uma janela para escapar a um incêndio é culpado de suicídio? Terá mesmo alguém imputado esse crime ao que morre numa tempestade cujo perigo ignorava quando embarcou?

O propósito do tratado social é a conservação dos contratantes. Quem quer o fim quer igualmente os meios, e esses meios envolvem necessariamente alguns riscos, mesmo algumas perdas. Quem quer conservar a sua vida à custa dos outros deve também, quando necessário, pô-la ao serviço deles. Ora, o cidadão deixa de ser o juiz do perigo ao qual a lei quer que se exponha; e, quando o príncipe lhe diz «é do interesse do Estado que morras», deve morrer; porque ele só viveu em segurança sob esta condição até esse momento e porque a sua vida já não é uma graça da natureza, mas um dom condicional do Estado.

A pena de morte infligida aos criminosos pode ser considerada mais ou menos do mesmo ponto de vista: é para evitarmos ser vítima de um assassino que consentimos morrer se nos tornarmos um. Neste tratado, o nosso objetivo não é de todo entregar a nossa vida, mas garanti-la; e não é de presumir que algum dos contratantes tenha em mente vir a ser enforcado.

Ademais, todo o malfeitor, quando ataca o direito social, torna-se, pelos seus crimes, um rebelde e traidor à pátria. Ele cessa de ser um membro ao violar as suas leis, podendo até dizer-se que lhe declara guerra. Enquanto a conservação do Estado for incompatível com a sua, é preciso que um dos dois morra, e, quando se mata o culpado, é menos como cidadão do que como inimigo. Os processos, o julgamento são as provas e a declaração de que rompeu o tratado social e, portanto, que já não é membro do Estado. Pois bem, na medida em que se reconheceu como tal, quando muito, pelo seu local de residência, deve ser retirado enquanto infrator do pacto por via do exílio ou pela morte como inimigo público; porque um inimigo desta natureza não é uma pessoa moral, é um homem, e é nessa condição que o direito de guerra manda matar o vencido.

Mas, dir-me-ão, a condenação de um criminoso representa um ato particular. De acordo; mas também não cabe ao soberano proferir esta condenação; é um direito que pode conferir sem poder ele próprio exercê-lo. As minhas ideias são todas interdependentes, mas não posso expô-las a todas ao mesmo tempo.

De resto, a frequência dos suplícios é sempre um sinal da fraqueza ou da indolência do governo. Não existe ninguém tão cruel que não possa tornar-se bom em qualquer coisa. Não temos o direito de matar, ainda que para dar o exemplo, exceto aquele que não é possível manter vivo sem perigo.

Quanto ao direito de perdoar ou isentar um culpado da pena estipulada pela lei e pronunciada pelo juiz, tal cabe somente ao que está acima do juiz e da lei, isto é, ao soberano; não obstante, o seu direito nesta circunstância não é muito claro, e os casos em que é aplicado são muito raros. Num Estado bem governado, existem poucas punições, não porque se concedem muitos perdões, mas porque existem poucos criminosos. Quando o Estado entra em decadência, a multiplicidade dos crimes assegura a impunidade. Durante a República Romana, nunca o senado ou os cônsules tentaram conceder perdões; nem mesmo o povo o fazia, embora revogasse por vezes a sua própria sentença. Mas eu sinto que o meu coração protesta e retém a minha pena. Deixemos estas questões para o homem justo que nunca errou e que nunca precisou de ser perdoado.

CAPÍTULO VI

Da lei

Foi pelo ato social que conferimos existência e vida ao corpo político. Agora, trata-se de lhe dar o movimento e a vontade através da legislação. Isto porque o ato primitivo pelo qual o corpo se forma e se unifica nada faz para determinar o que deve fazer para se manter.

O que é bom e em conformidade com a ordem é-o em virtude da natureza das coisas e independentemente das convenções humanas. Toda a justiça vem de Deus, e só Ele é a sua origem; mas, se soubéssemos recebê-la de tão alto, não necessitaríamos de governo ou de leis. Não há dúvida de que existe uma justiça universal, que emana exclusivamente da razão; no entanto, essa justiça, para ser admitida entre nós, deve ser recíproca. Em ordem a considerar humanamente as coisas, na ausência de sanção natural, as leis da justiça são inúteis entre os homens; beneficiam apenas o malvado e prejudicam o justo, quando este as cumpre no trato com todos os demais, sem que ninguém as cumpre no trato com ele. As convenções e as leis são, por isso, necessárias para unir os direitos e os deveres e para permitir à natureza cumprir o seu desígnio.

No estado de natureza, em que tudo é comum, não devo nada a quem nada prometi; as únicas coisas que reconheço como propriedade dos outros são as que me são inúteis. Não se passa o mesmo no estado civil, no qual todos os direitos são fixados pela lei.

Mas o que é, afinal, uma lei? Enquanto nos contentarmos em associar exclusivamente este termo a ideias metafísicas, continuaremos sem perceber o que estamos a discutir e, quando tivermos afirmado o que é uma lei da natureza, nem por isso saberemos melhor o que é uma lei do Estado.

Já disse que não pode haver vontade geral em relação a um objeto particular. De facto, ou este objeto particular existe dentro do Estado ou fora dele. Se existe fora do Estado, uma vontade que lhe é alheia não pode ser geral em relação a ele; e, se esse objeto existe no Estado, faz parte dele, e, neste caso, forma-se entre o todo e a sua parte uma relação que faz deles duas partes separadas, em que uma é a parte e a outra o todo menos essa parte. Contudo, o todo menos uma parte não é o todo, e enquanto esta relação subsistir não pode existir todo, mas duas partes desiguais. Donde se conclui que a vontade de uma já não é geral relativamente à outra.

Mas, quando é todo o povo a estatuir para todo o povo, considera-se apenas a si próprio; e, se uma relação se forma então, é do objeto na sua totalidade, de um ponto de vista, com o objeto na sua totalidade, de um outro ponto de vista, sem nenhuma divisão do todo. Assim, a matéria sobre a qual se estatui é geral como a vontade que estatui. É a esse ato que chamo uma lei.

Quando digo que o objeto das leis é sempre geral, quero dizer que a lei considera os sujeitos como uma coletividade e as ações como abstratas, nunca um homem enquanto indivíduo nem uma qualquer ação em particular. Deste modo, a lei pode muito bem estatuir que haverá lugar a privilégios, mas ela não pode dá-los a ninguém em particular; a lei pode gerar muitas classes de cidadãos, determinar até as qualidades que permitem o ingresso nessas classes, mas não pode nomear este ou aquele como membros; ela pode estabelecer um governo monárquico e uma sucessão hereditária, mas não pode eleger um rei, nem nomear uma família real. Em suma, ao poder legislativo não cabe nenhuma função referente a um objeto individual.

Segundo este princípio, torna-se imediatamente claro que não é preciso perguntar a quem cabe fazer as leis, pois são atos da vontade geral; nem se o príncipe está acima das leis, pois é membro do Estado; nem se a lei pode ser injusta, pois ninguém é injusto para consigo mesmo; nem de que modo se é livre e se está submetido às leis, já que estas não passam de registos das nossas vontades.

Vemos ainda que, porquanto a lei combina a universalidade da vontade com a do objeto, o que um homem, seja ele qual for, ordena por sua iniciativa não é uma lei; tão-pouco é uma lei aquilo que o próprio soberano ordena sobre um objeto particular, mas um decreto; nem se trata de um ato de soberania, mas de magistratura.

Chamo, por conseguinte, república a todo o Estado regido por leis, seja qual for a forma de administração; porque só então o interesse público governa e a coisa pública se torna alguma coisa. Todo o governo legítimo é republicano ([11]); explicarei mais tarde o que se entende por governo.

([11]) Por este termo, não me refiro apenas a uma aristocracia ou a uma democracia, mas em geral a qualquer governo guiado pela vontade geral, que é a lei. Para ser legítimo, não é preciso que o governo se confunda com o soberano, mas que seja o seu ministro.

Em rigor, as leis não são senão as condições da associação civil. O povo submetido às leis deve ser o seu autor. Cabe somente aos que se associam regular as condições da sociedade. Mas como as regularão eles? Será de comum acordo, por meio de uma inspiração súbita? Possuirá o corpo político um órgão para enunciar as suas vontades? Quem lhe dará a clarividência necessária para formar com elas atos [de vontade] e os promulgar com antecedência, ou como os pronunciará quando for necessário? Como poderia uma multidão cega, que muitas vezes não sabe o que quer porque raramente sabe o que é bom para si, executar por si mesma um empreendimento tão grande, tão difícil como um sistema legislativo? Por si mesmo, o povo quer sempre o bem, mas por si mesmo nem sempre o vê. A vontade geral está sempre certa, mas o juízo que a guia nem sempre é esclarecido. É preciso fazê-la ver os objetos tais como são e, por vezes, como lhe devem parecer, ser-lhe mostrado o caminho certo que procura, protegê-la da sedução das vontades particulares, aproximar aos seus olhos os lugares e os tempos, equilibrar a atração das vantagens atuais e visíveis com o perigo dos males distantes e ocultos. Os particulares veem o bem que rejeitam; o público quer o bem que não vê. Todos necessitam igualmente de guias. A uns, é preciso obrigá-los a adequar as suas vontades à sua razão; ao outro, é preciso ensiná-lo a saber o que quer. Do esclarecimento geral resulta, portanto, a união do entendimento e da vontade no corpo geral; desta, a exata concordância das partes e, por fim, a maior força do todo. É daqui que nasce a necessidade de um legislador.

Neste contexto, a própria monarquia é república. Isto será esclarecido no livro seguinte.

CAPÍTULO VII

Do legislador

Para descobrir quais as regras que melhor convêm às nações, seria preciso uma inteligência superior que contemplasse todas as paixões dos homens e que não experimentasse nenhuma; que não tivesse nada que ver com a nossa natureza e que a conhecesse a fundo; que gozasse a sua felicidade independentemente de nós e, porém, que se preocupasse com a nossa; em suma, que, na plenitude dos tempos, enquanto prepara para si uma glória longínqua, pudesse trabalhar num século e usufruir no outro.([12]) Seriam precisos deuses para dar leis aos homens.

O mesmo raciocínio que Calígula fazia quanto ao facto, Platão fazia-o quanto ao direito para definir o homem civil ou real, que tenta precisar no seu livro sobre o reinado (*). No entanto, se é verdade que um grande príncipe é um

([12]) Um povo não se torna célebre senão quando a sua legislação começa a declinar. Não sabemos durante quantos séculos as leis de Licurgo trouxeram a felicidade dos Espartanos antes de se fazer menção dela em toda a Grécia.

(*) Referência a *O Político,* de Platão.

homem raro, que dizer de um grande legislador? O primeiro não tem senão de seguir o modelo que o outro deve propor. Este é o inventor da máquina, aquele é o artesão que a monta e a põe a trabalhar. Quando as sociedades nascem, diz Montesquieu, são os chefes das repúblicas que criam a instituição, e é depois a instituição que forma os chefes das repúblicas.

Aquele que ousa tentar instituir um povo deve sentir-se capaz de mudar, por assim dizer, a natureza humana; de transformar cada indivíduo, que para si é um todo perfeito e solitário, em parte de um todo maior do qual esse indivíduo recebe, de certa forma, a sua vida e ser; de alterar a constituição dos homens para a fortalecer; de substituir por uma existência parcial e moral a existência física e independente que todos recebemos da natureza. Em poucas palavras, é preciso que ele retire ao Homem as suas forças próprias para lhe dar outras que lhe são estranhas e que ele não pode usar sem o auxílio de outrem. Quanto mais essas forças naturais estiverem mortas e aniquiladas, mais os proveitos serão grandes e duradouros e mais a instituição será sólida e perfeita. De modo que, se cada cidadão nada é, nada pode, exceto através de todos os outros, e, se a força adquirida pelo todo é igual ou superior à soma das forças naturais de todos os indivíduos, é possível dizer que a legislação atingiu a mais elevada perfeição possível.

O legislador é um homem extraordinário dentro do Estado em todos os aspetos. Se o é pelo seu génio, não o é menos pelo uso que faz dele. Não se trata de uma função de magistratura ou de soberania. Esse uso que forma a república não entra na constituição; é uma função particular e superior que não tem nada de comum com a autoridade humana; porque, se aquele que comanda os homens não deve comandar as leis, aquele que comanda as leis também não deve comandar os homens; caso contrário, as suas leis, ministros das suas paixões, acabariam amiúde por perpetuar as suas injustiças, sem nunca evitar que certas visões particulares corrompessem a santidade da sua obra.

Quando Licurgo deu as leis à sua pátria, começou por abdicar da realeza. Era um costume da maioria das cidades gregas confiar a estrangeiros o estabelecimento das suas. As repúblicas modernas de Itália imitaram com frequência essa prática, Genebra fez o mesmo e teve êxito.([13]) Na sua hora mais auspiciosa, Roma viu renascer no seu seio todos os crimes da tirania, chegando perto da destruição, por ter reunido debaixo das mesmas cabeças a autoridade legislativa e o poder soberano.

Por outro lado, nem mesmo os decênviros se arrogaram o direito de fazer passar leis recorrendo exclusivamente à sua autoridade. «Nada do que vos propomos», diziam eles ao povo, «pode passar a lei sem o vosso consentimento. Romanos, sede vós mesmos os autores das leis que garantem a vossa felicidade.»

Aquele que redige as leis não tem, ou não deve ter, por isso, qualquer direito legislativo; e nem mesmo o povo pode, ainda que o deseje, despojar-se desse direito incomunicável, na medida em que segundo o pacto fundamental só a vontade geral vincula os particulares, e porque

---

([13]) Aqueles que consideram Calvino apenas como teólogo conhecem mal a extensão do seu génio. A redação dos nossos sábios éditos, na qual teve parte importante, horam-no tanto quanto *a sua Instituição*. Sejam quais forem as mudanças que o tempo possa trazer ao nosso culto, enquanto o amor da pátria e da liberdade não se extinguir entre nós, nunca a memória deste grande homem deixará de ser bendita.

jamais podemos assegurar que uma vontade particular se conforma com a vontade geral senão após tê-la submetido aos sufrágios livres do povo. Já o disse antes, mas não é inútil repeti-lo.

Na tarefa legislativa, encontramos, portanto, duas coisas que parecem incompatíveis: um empreendimento acima da capacidade humana e uma autoridade sem valor para a executar.

Outra dificuldade que merece atenção. Os sábios que querem dirigir-se ao vulgo, não na sua linguagem, mas na deles, não conseguem fazer-se entender. Ora, existem mil espécies de ideias que são impossíveis de traduzir na linguagem do povo. As perspetivas demasiado gerais e os objetos demasiado afastados estão igualmente fora de alcance. Cada indivíduo, por não aprovar qualquer outro plano de governo além daquele que se relaciona com o seu interesse particular, dificilmente se dá conta das vantagens que deve retirar das privações contínuas que as boas leis impõem. Para que um povo em formação possa apreciar as máximas salutares da política e seguir as regras fundamentais da razão de Estado, o efeito teria de se tornar a causa; o espírito social, que deve resultar da instituição, teria de presidir à própria instituição; e os homens serem antes das leis o que devem vir a ser através delas. Deste modo, quando o legislador não consegue empregar nem a força nem a razão, torna-se uma necessidade recorrer a uma autoridade de outra ordem, que possa submeter sem violência e persuadir sem ter de convencer.

É isto que obriga sempre os fundadores de nações a rogar a intervenção do céu e a atribuir aos deuses a sua própria sabedoria, a fim de que os povos, submetidos quer às leis do Estado quer às da natureza, reconheçam o mesmo poder na formação do Homem e na da cidade, obedecendo livremente e carregando docilmente o jugo da felicidade pública.

Esta razão sublime que se eleva acima da capacidade dos homens vulgares é aquela que o legislador põe nas decisões que imputa aos imortais, para que aqueles que não se deixam levar pela prudência humana o sejam pela autoridade divina.([14]) Mas não cabe a qualquer um fazer falar os deuses, nem ser crido quando anuncia ser o seu intérprete. A grande alma do legislador é o verdadeiro milagre que serve de prova da sua missão. Qualquer homem pode mandar gravar tábuas de pedra, ou comprar um oráculo, ou fingir um comércio secreto com uma divindade, ou treinar uma ave para que lhe fale ao ouvido, ou encontrar outros meios grosseiros de se impor ao povo. O homem que não souber mais do que isto poderá até reunir por acaso um grupo de insensatos, mas jamais fundará um império, e a sua obra extravagante perecerá pouco depois de si. Encantamentos vãos formam um laço passageiro; apenas a sabedoria o torna duradouro. A lei judaica, que ainda perdura, e a do filho de Ismael, que há dez séculos rege metade do mundo, demonstram ainda hoje a grandeza dos homens que as ditaram; e, ao passo que a orgulhosa filosofia ou o espírito partidário cego não vê neles senão impostores

([14]) «E veramente», diz Maquiavel, «mai non fi alcuno ordinatore di leggi straordinarie in popolo, che non ricorresse a Dio, perché altrimenti non sarebbero accettate; perché sono molti beni conosciuti da uno prudente, i quali non hanno in se ragioni evidenti da potergli permadere ad altrui» (*Discorsi sopra la prima deca di Tito Livio*, Livro I, Cap. XI). — «Na verdade, nunca houve legislador extraordinário, entre nenhum povo, que não recorresse a Deus, pois, de outro modo, as leis não teriam sido aceites; com efeito, muitos princípios úteis reconhecidos pelo sábio não contêm provas evidentes que possam persuadir os outros.»

afortunados, o verdadeiro político admira, naquilo que estabeleceram, esse grande e poderoso génio que preside aos estabelecimentos duradouros.

Do que fica dito, não deve concluir-se, como fez Warburton, que a política e a religião tenham, entre nós, o mesmo objeto, mas que, na origem das nações, uma serve de instrumento à outra.

CAPÍTULO VIII

Do povo

Como o arquiteto que, para verificar se suportará o seu peso, observa e sonda o solo antes de construir um grande edifício, o sábio criador de instituições não começa por redigir boas leis por si mesmas, mas examina antes se o povo ao qual as destina é capaz de as receber. Foi por isso que Platão recusou dar leis aos Arcádios e aos Cireneus, porque sabia que esses dois povos eram ricos e não tolerariam a igualdade; foi por isso que se viram, em Creta, boas leis e homens maus, pois Minos impôs disciplina a um povo carregado de vícios.

Sobre a Terra, brilharam mil nações que nunca teriam tolerado boas leis; e, mesmo aquelas que o fizeram, só o conseguiram durante um brevíssimo período da sua existência. A maior parte dos povos, como a maior parte dos homens, é dócil apenas na sua juventude; torna-se incorrigível quando envelhece. Assim que se estabelecem os costumes e os preconceitos se enraízam, tentar reformá-los constitui uma empresa perigosa e inútil; o povo já nem suporta que lhe toquem nos males para os destruir, como esses doentes estúpidos e sem coragem que tremem quando veem o médico.

Assim como algumas doenças perturbam a cabeça dos homens e os privam da memória do passado, por vezes, durante a sua existência, os Estados passam por épocas violentas em que as revoluções têm o mesmo efeito sobre os povos que certas crises sobre os indivíduos, em que o horror do passado cai no olvido, e em que o Estado, abrasado por guerras civis, renasce, por assim dizer, das cinzas e recupera o vigor da juventude escapando dos braços da morte. Foi assim em Esparta no tempo de Licurgo, em Roma com os Tarquínios e, entre nós, nos Países Baixos e na Suíça, após a expulsão dos tiranos.

Mas estes desenvolvimentos são raros; representam exceções cuja razão reside sempre na constituição particular do Estado. Nem estes sucederiam duas vezes ao mesmo povo, pois este só pode libertar-se enquanto for bárbaro, já não pode fazê-lo quando o impulso civil está gasto. Por conseguinte, as agitações civis podem destruí-lo sem que as revoluções o consigam restabelecer, e, logo que os seus grilhões são quebrados, fragmenta-se e morre. Daí em diante, precisa de um senhor e não de um libertador. Povos livres, lembrai-vos desta máxima: «A liberdade pode ser adquirida, mas nunca recuperada.»

A juventude não é a infância. Existe para as nações como para os homens um tempo de juventude ou, se quisermos, de maturidade por que devemos esperar antes de as submetermos às leis. Mas a maturidade de um povo nem sempre é fácil de reconhecer e, se a anteciparmos, a obra fracassa. Este povo é disciplinável quando nasce, aquele não o é senão ao fim de dez séculos. Os Russos nunca terão uma verdadeira ordem política, porque a tiveram demasiado cedo. Pedro tinha um génio imitativo;

não tinha verdadeiro génio, aquele que cria e faz tudo do nada. Algumas das coisas que realizou foram boas, mas a maior parte estava deslocada. Ele viu que o seu povo era bárbaro, mas não viu que não estava amadurecido para ter uma organização política; tentou civilizá-lo, quando o que era preciso era treiná-lo para a guerra. Quis produzir de imediato alemães e ingleses, quando era preciso começar por fazer russos; ao persuadir os seus súbditos de que eram o que não são, impediu-os de se tornarem um dia o que poderiam ser. É assim que um precetor francês forma o seu aluno para brilhar quando ainda é criança, e nunca mais depois disso. O Império Russo tentará subjugar a Europa e será ele próprio subjugado. Os Tártaros, seus súbditos e vizinhos, virão a ser os seus senhores e os nossos. É uma revolução que me parece inevitável. Todos os reis da Europa trabalham em conjunto para a acelerar.

CAPÍTULO IX

Do povo
(continuação)

Assim como a natureza estabeleceu limites à estatura de um homem bem constituído, fora dos quais só produz gigantes ou anões, também em relação à constituição de um Estado existem limites quanto à extensão que pode ter, para que não seja nem demasiado grande para poder ser bem governado, nem demasiado pequeno para conseguir manter-se a si mesmo. Em todo o corpo político, existe um *maximum* de força que não pode ultrapassar e do qual muitas vezes se afasta por crescer em demasia. Quanto mais se estende o laço social, mais ele relaxa; e, em geral, um pequeno Estado é proporcionalmente mais forte do que um grande.

Mil razões demonstram esta máxima. Em primeiro lugar, a administração torna-se mais penosa quando as distâncias são grandes, como um peso que é mais pesado quando pousado no extremo de uma alavanca maior. É também mais onerosa à medida que os níveis se multiplicam; antes de mais, porque cada cidade tem a sua administração, que o povo paga, como também cada distrito, paga também pelo povo, de seguida, cada província, depois, os grandes governos, as satrapias, os vice-reinados, que é sempre preciso pagar mais caro conforme se vai subindo e sempre à custa do povo miserável; por fim, vem a administração suprema, que arrasa tudo. Tantos encargos esgotam continuamente os súbditos; longe de serem mais bem governados por meio de todas estas ordens, são-no menos do que se tivessem apenas uma acima deles. No entanto, mal sobram recursos para os casos extraordinários; e, quando são precisos, o Estado está sempre à beira da ruína.

E não é tudo. Não somente o governo tem menos vigor e é menos célere a fazer cumprir as leis, impedir as vexações, corrigir os abusos, prevenir as iniciativas sediciosas que podem ocorrer em lugares remotos, como tem menos afeto pelos seus chefes que nunca vê, pela pátria que, aos seus olhos, parece o mundo e pelos seus concidadãos, que na sua maioria são estrangeiros. As mesmas leis não podem convir a tantas províncias distintas com costumes diversos, que vivem em climas opostos e que não podem tolerar a mesma forma de governo. Leis diferentes geram apenas tumultos e confusão entre os povos que, ao viverem sob os mesmos chefes e numa comunicação constante, se relacionam e contraem matrimónio uns com os outros, e que, ao estarem submetidos a outros costumes, nunca sabem se o seu património é realmente seu. Nessa multidão de homens desconhecidos uns dos outros, que o cerco da administração reúne num mesmo lugar, os talentos ocultam-se, as virtudes são ignoradas, os vícios, isentos de punição. Os chefes, sobrecarregados com problemas, nada veem por si mesmos, e o Estado é governado pelos seus delegados. Enfim, as medidas que é preciso tomar para manter a autoridade geral, à qual tantos funcionários em lugares remotos se querem subtrair ou impor-se, absorvem toda a esfera pública; nada resta para o bem-estar do povo, e pouco, para a sua defesa em caso de necessidade. E é desta forma que um corpo demasiado grande para a sua constituição declina e morre, esmagado pelo próprio peso.

Por outro lado, o Estado deve dar a si mesmo uma certa base para ter solidez, para resistir aos abalos que não deixará de sentir e aos esforços que será obrigado a fazer para não sucumbir; pois todos os povos têm uma espécie de força centrífuga, pela qual agem continuamente uns sobre os outros e tendem a expandir-se à custa dos seus vizinhos, como os vórtices de Descartes. Assim, os mais frágeis depressa se arriscam a ser engolidos; e ninguém consegue conservar-se realmente a não ser colocando-se numa espécie de equilíbrio com todos, igualando a pressão um pouco por todo o lado.

O que fica dito permite verificar que existem razões para se expandir e razões para se contrair, e não é um talento menor do político ter a capacidade de encontrar, entre umas e outras, a proporção mais vantajosa para a conservação do Estado. Em geral, é possível dizer que as primeiras [razões para a expansão], sendo externas e relativas, devem estar subordinadas às outras, que são internas e absolutas; uma constituição saudável e forte é a primeira coisa que se deve buscar, e devemos confiar mais no vigor que tem origem num bom governo do que nos recursos fornecidos por um grande território.

Diga-se ainda que houve Estados que se organizaram de tal forma que a necessidade de conquistas fazia parte da sua própria constituição e que, para se manterem, eram forçados a expandir-se continuamente. Talvez se congratulassem muito por esta feliz necessidade, a qual, no entanto, com o termo da sua grandeza, lhes mostrava o inevitável momento da sua queda.

CAPÍTULO X

Do povo

(continuação)

É possível medir um corpo político de duas maneiras: pela extensão do seu território e pelo número de habitantes. Entre estas duas medidas, existe uma relação adequada para dar ao Estado a sua verdadeira grandeza. São os homens que fazem o Estado, e é a terra que alimenta os homens. Esta relação consiste, pois, em a terra ser suficiente para o sustento dos seus habitantes e existirem tantos habitantes quantos a terra pode alimentar. É nessa proporção que reside o *maximum* de força de um povo de um certo tamanho; porque, se há terra a mais, a sua defesa torna-se custosa, a sua cultura, insuficiente, o proveito, supérfluo, que é a causa próxima das guerras defensivas. Se não houver terra suficiente, o Estado fica nas mãos dos seus vizinhos para suprir as suas carências, que é a causa próxima das guerras ofensivas. Todo o povo que, pela sua posição, não tem alternativa senão entre o comércio e a guerra é frágil em si mesmo: depende dos seus vizinhos, depende dos acontecimentos; a sua existência será sempre incerta e curta. Ou ele subjuga e muda de situação, ou é subjugado e reduzido a nada.

Não pode manter-se livre senão à custa da sua pequenez ou da sua grandeza.

É impossível calcular a relação fixa entre a extensão de terra e o número de homens suficiente para suportar uma e outro, seja pelas diferenças que se encontram na qualidade dos terrenos, nos graus de fertilidade, na natureza das suas produções, na influência dos climas, mas também por razões observáveis no temperamento dos homens que as habitam, uns consumindo pouco num país fértil, outros muito num solo ingrato. É preciso atentar ainda na maior ou menor fecundidade das mulheres, ao que o país pode ter de mais ou menos favorável à população e ao número de habitantes que o legislador pode esperar alcançar através das suas instituições; de maneira que não deve basear o seu juízo naquilo que vê, mas naquilo que prevê, nem se deter tanto no estado atual da população, mas naquele que ela deve naturalmente alcançar. Por último, há mil ocasiões em que os acidentes específicos do terreno exigem ou permitem que se arranje mais terra do que parece necessário. Deste modo, a expansão será maior num país montanhoso, onde as produções naturais, a saber, os bosques, as pastagens, requerem menos esforço, onde a experiência nos diz que as mulheres são mais férteis do que nas planícies e onde um grande solo inclinado apenas faculta uma pequena base horizontal, a única que importa no que diz respeito à vegetação. Pelo contrário, os povos podem juntar-se perto do mar, inclusive em zonas rochosas e arenosas quase estéreis: porque a pesca pode, em grande medida, substituir os produtos gerados pela terra, porque os homens se mantêm mais unidos para repelir os piratas e porque, além disso, é mais fácil, através das colónias, aliviar o país dos habitantes em excesso.

Para formar um povo, é preciso acrescentar a estas condições uma que não supre a carência de nenhuma outra, mas sem a qual as restantes se tornam inúteis: a de que se tenha abundância e paz. Porque o momento em que se organiza um Estado é, como quando se forma um batalhão, o instante em que o corpo é menos capaz de resistir e aquele em que é mais fácil destruí-lo. A resistência é maior numa absoluta desordem do que num momento de fermentação, quando todos se ocupam do seu estatuto e não do perigo. Se uma guerra, uma fome, uma sedição ocorre durante esse período crítico, o Estado está infalivelmente perdido.

Isto não significa que não existam muitos governos estabelecidos durante estas tempestades. Mas, nessa altura, são esses mesmos governos que destroem o Estado. Os usurpadores provocam ou escolhem sempre esses períodos de agitação para fazer passar, aproveitando o pânico geral, as leis destrutivas que o povo nunca adotaria a sangue-frio. A escolha do momento da instituição é uma das características mais seguras pelas quais se pode distinguir a obra do legislador da do tirano.

Que povo está, portanto, apto a receber legislação? Aquele que, encontrando-se já ligado por alguma união de origem, de interesse e convenção, suportou ainda o verdadeiro jugo das leis; aquele que não possui nem costumes, nem superstições bem enraizadas; aquele que não teme ser arrasado por uma invasão súbita; que, sem entrar nas querelas dos vizinhos, pode resistir sozinho a todos eles, ou pedir o auxílio de um para rechaçar outro; aquele em que é possível cada membro ser conhecido de todos e em que não se é forçado a sobrecarregar um homem com um fardo maior do que aquele que pode suportar; aquele que pode dispensar os outros povos e todos os outros povos podem dispensar([15]); aquele que não é rico nem pobre e consegue bastar-se a si mesmo; por fim, aquele que reúne a consistência de um povo antigo e a docilidade de um povo recente. O que torna penoso o trabalho legislativo é menos o que há a estabelecer do que aquilo que é preciso destruir; e o que torna o sucesso tão raro é a impossibilidade de encontrar a simplicidade da natureza a par das necessidades da sociedade. É verdade que dificilmente se encontram reunidas todas estas condições; razão pela qual vemos poucos Estados bem constituídos.

Na Europa, ainda há um país capaz de legislação: trata-se da ilha de Córsega. O valor e a constância com a qual este povo valente soube recuperar e defender a sua liberdade mereciam bem que um qualquer homem sábio o ensinasse a preservá-la. Tenho o pressentimento de que, um dia, esta pequena ilha espantará a Europa.

([15]) Se, entre dois povos vizinhos, um não pode dispensar o outro, tal situação seria muito dura para o primeiro e bastante perigosa para o segundo. Em semelhante caso, qualquer nação sábia procurará rapidamente libertar a outra dessa dependência. A República de Tlaxcala, situada num enclave no Império do México, preferia dispensar o sal a comprá-lo aos Mexicanos, inclusive a aceitá-lo gratuitamente. Os sábios tlaxcalanos perceberam a armadilha oculta sob essa liberalidade. Conservaram-se livres, e este pequeno Estado, rodeado por esse grande império, acabou por ser o instrumento da ruína dele.

CAPÍTULO XI

Dos diversos sistemas de legislação

Se examinarmos em que consiste exatamente o maior bem de todos, que deve constituir o fim de todo o sistema de legislação, verificaremos que ele se reduz a dois objetos principais: a *liberdade* e a *igualdade*. A liberdade, porque toda a dependência particular significa que o corpo político perde o mesmo grau de força; a igualdade, porque a liberdade não pode subsistir sem ela.

Já expliquei o que é a liberdade civil. Em relação à igualdade, não devemos entender por este termo que os graus de força e riqueza sejam absolutamente os mesmos, mas que, quanto à força, ela não seja tão grande que incorra em qualquer espécie de violência e que só se aplique de acordo com a posição social e as leis. Quanto à riqueza, que nenhum cidadão seja tão opulento que possa comprar outro e nenhum tão pobre que seja obrigado a vender-se.([16]) O que supõe, do lado dos grandes, moderação

([16]) Por conseguinte, se desejais dar ao Estado solidez, aproximai os extremos tanto quanto possível; não permitais a existência de opulentos nem de pobres. Estas duas condições, naturalmente inseparáveis, são igualmente funestas ao bem comum; de uma saem os

quanto aos bens e influência, e, do lado dos pequenos, moderação da cobiça e da inveja.

Esta igualdade, dizem eles, é uma quimera da especulação que não existe na prática. Mas se o abuso é inevitável, deve concluir-se que deve ser, pelo menos, controlado? É precisamente porque a força das coisas tende sempre para a destruição da igualdade que a força da legislação deve sempre tender para a manter.

Mas estes objetivos gerais para toda a boa instituição devem ser modificados em cada país de acordo com as relações que nascem, não só da situação local, mas também do caráter dos habitantes, e é a partir dessas relações que é preciso atribuir a cada povo um sistema institucional particular que seja o melhor, não talvez em si mesmo, mas para o Estado ao qual se destina. Por exemplo, o solo é ingrato e estéril ou o país demasiado pequeno para os seus habitantes? Voltai-vos para a indústria e para as artes, cujos produtos trocareis pela mercadoria que vos falta. Pelo contrário, habitais planícies ricas e encostas férteis? Tendes falta de habitantes num território extenso? Empregai todo o vosso cuidado na agricultura, que multiplica os homens, e expulsai as artes, que nada mais farão do que despovoar o país agrupando em alguns pontos do território os poucos habitantes que possui. ([17]) Ocupais costas extensas e navegáveis? Cobri o mar de embarcações, cultivai o comércio e a navegação; a vossa existência

---

fautores da tirania, da outra, os tiranos. É sempre entre eles que se troca a liberdade pública: um compra-a, o outro vende-a.

([17]) Para uma nação como um todo, não há um tipo de comércio externo — diz M. d'Argenson — que não se revele de uma falsa utilidade. Ele pode enriquecer alguns particulares, mesmo algumas cidades. Mas a nação como um todo não ganha nada com isso, e o povo não fica melhor.

será brilhante e curta. O mar que banha as vossas costas encontra rochedos quase inacessíveis? Mantende-vos bárbaros e ictiófagos. Vivereis mais tranquilos, porventura melhor, e seguramente mais felizes. Em suma, além das máximas comuns a todos, cada povo encerra em si mesmo uma causa que os ordena de uma forma particular e que torna a sua legislação adequada apenas a si. Assim aconteceu outrora com os Hebreus, e, recentemente, os Árabes fizeram da religião a sua principal preocupação; os Atenienses, as letras; Esparta, a guerra; e Roma, a virtude. O autor de *Do Espírito das Leis* mostrou, dando uma grande quantidade de exemplos, por que arte o legislador orienta a instituição para cada um destes objetivos.

O que faz com que a constituição de um Estado seja verdadeiramente sólida e duradoura é a observância atenta das conveniências, a ponto de as relações naturais e as leis concordarem nos mesmos pontos, e de estas se limitarem, por assim dizer, a confirmar, acompanhar e retificar as outras. Todavia, se o legislador, porque se engana no seu objetivo, segue um princípio diferente daquele que tem origem na natureza das coisas; se um tende para a servidão e o outro para a liberdade, um para as riquezas, o outro para a população, um para a paz, o outro para as conquistas, veremos as leis enfraquecerem progressivamente, a constituição alterar-se, o Estado para sempre em tumulto, até à sua destruição ou mudança, e a natureza invencível terá recuperado o seu poder.

CAPÍTULO XII

Divisão das leis

Para ordenar o todo, ou dar a melhor forma possível à coisa pública, existem diversas relações a considerar. Em primeiro lugar, a ação do corpo inteiro que age sobre si mesmo, isto é, a relação do todo com o todo, ou do soberano com o Estado. Esta relação é um compósito de relações entre os termos intermédios, como veremos a seguir.

As leis que regulam esta relação são apelidadas de leis políticas. Chamam-se igualmente leis fundamentais e não sem razão, se essas leis forem sábias. Na verdade, se em cada Estado existe apenas uma boa maneira de o ordenar, o povo que a encontrou deve mantê-la; mas, se a ordem estabelecida é má, por que razão devem ser consideradas como fundamentais as leis que o impedem de ser bom? Em todo o caso, um povo tem ainda sempre o poder de mudar as suas leis, mesmo as melhores; porque, se lhe agrada fazer mal a si mesmo, quem tem o direito de o impedir?

A segunda relação é a dos membros entre si ou com o corpo inteiro, e esta relação deve ser, no primeiro caso, tão branda quanto possível e, no segundo, o mais estreita possível; de modo que cada cidadão seja o mais independente de todos os outros e maximamente dependente da cidade. O que se faz sempre pelos mesmos meios, já que só a força do Estado confere a liberdade aos seus membros. A origem das leis civis está nesta segunda relação.

É possível ainda considerar uma terceira espécie de relação entre o Homem e a lei, a saber, a da desobediência à pena. Esta dá lugar ao estabelecimento das leis criminais, que, no fundo, são menos uma espécie particular de leis do que a sanção de todas as outras.

A estas três espécies de leis, junta-se uma quarta, a mais importante de todas; [lei essa] que não se grava nem em mármore, nem em bronze, mas no coração dos cidadãos; que representa a verdadeira constituição do Estado; que todos os dias vê a sua força aumentar; que, quando as restantes leis envelhecem ou extinguem, as reanima ou substitui, mantém um povo no espírito da sua instituição e substitui impercetivelmente a força da autoridade pela do hábito. Refiro-me aqui aos costumes, aos hábitos e sobretudo à opinião: uma parte desconhecida dos nossos [teóricos] políticos, mas da qual depende o sucesso de todas as outras; uma parte da qual o grande legislador se ocupa em segredo, enquanto dá a impressão de se limitar a regras particulares que não são senão o arco da abóbada, da qual os costumes, mais demorados a nascer, formam finalmente a chave inamovível.

Entre estas diversas classes de leis, as políticas, que constituem a forma do governo, são as únicas que me interessam aqui.

LIVRO III

Antes de falar das diversas formas de governo, procuremos fixar o sentido preciso deste termo, que não foi ainda suficientemente explicado.

CAPÍTULO I

Do governo em geral

Advirto o leitor de que este capítulo deve ser lido pausadamente e que não domino a arte de ser claro para quem não quer prestar atenção.

Toda a ação livre tem duas causas que concorrem para a produzir: uma moral, a saber, a vontade que determina o ato; a outra física, a saber, o poder que a executa. Em primeiro lugar, quando caminho em direção a um objeto, é preciso que queira ir ter com ele; em segundo, que os meus pés me levem até ele. Se um paralítico quiser correr e um homem fisicamente capaz não o quiser, ambos permanecerão no mesmo lugar. O corpo político tem as mesmas motivações: vemos nele igualmente a força e a vontade: esta sob o nome de *poder legislativo*, a outra sob o nome de *poder executivo*. Nada se faz, ou deve fazer-se, nele sem o acordo de ambas.

Vimos que o poder legislativo pertence ao povo e ao povo apenas. Ao contrário, é fácil ver, segundo os princípios acima estabelecidos, que o poder executivo não pode pertencer à generalidade [dos cidadãos] enquanto legislador ou soberano; porque esse poder não consiste senão em atos particulares que não são do domínio da lei, nem, por conseguinte, do domínio do soberano, cujos atos são sempre lei.

A força pública precisa, por isso, de um agente próprio que a reúna e a ponha em marcha segundo as direções da vontade geral, que forneça os meios de comunicação entre o Estado e o soberano, que preencha na pessoa pública, de alguma maneira, a função que, no Homem, tem a união entre a alma e o corpo. No Estado, é esta a razão de ser do governo, que foi confundido inadequadamente com o soberano, do qual é tão-somente o ministro.

O que é, então, o governo? Um corpo intermédio estabelecido entre os súbditos e o soberano para assegurar a sua mútua correspondência, encarregado da execução das leis e da preservação da liberdade civil e política.

Os membros desse corpo chamam-se magistrados ou *reis*, isto é, *governadores*; e o corpo inteiro tem o nome de *príncipe*.([18]) Assim, aqueles que defendem que o ato pelo qual um povo se submete aos chefes não é um contrato estão corretíssimos. O governo não passa de uma comissão, de um emprego, no qual simples representantes do soberano exercem em seu nome o poder que ele lhes concedeu e que pode limitar, modificar e recuperar quando o desejar, sendo a alienação de um tal direito incompatível com a natureza do corpo social e contrário ao fim da associação.

Chamo, portanto, *governo* ou administração suprema ao exercício legítimo do poder executivo, e *príncipe* ou *magistrado* ao homem ou ao corpo encarregado dessa administração.

([18]) É por isso que, em Veneza, se dá ao colégio o nome de *sereníssimo príncipe*, mesmo quando o doge não está presente.

É no governo que se encontram as forças intermédias, cujas relações constituem as relações do todo com o todo, ou do soberano com o Estado. Esta última relação pode ser figurada pela dos extremos de uma proporção geométrica, da qual o termo médio é o governo. O governo recebe do soberano as ordens que dá ao povo, sendo necessário, para o Estado estar bem equilibrado, depois de todas as compensações, que exista igualdade entre o produto ou o poder do governo tomado em si mesmo e o produto ou o poder dos cidadãos, que são soberanos, por um lado, e súbditos, por outro.

Além disso, é impossível alterar qualquer dos três termos sem romper de imediato a proporção. Se o soberano quiser governar, ou se o magistrado quiser instaurar leis, ou se os súbditos se recusam a obedecer, a desordem segue-se à regra, a força e a vontade já não agem concertadamente e o Estado dissolvido cai, então, no despotismo ou na anarquia. Enfim, como não existe senão um termo médio entre cada relação, também não existe senão um bom governo possível num Estado. Mas, como milhentos acontecimentos podem modificar as relações no seio de um povo, não somente diferentes governos podem ser adequados a diversos povos como ao mesmo povo em diferentes momentos.

Para dar uma ideia das diversas relações que podem reinar entre estes dois extremos, tomaria como exemplo o tamanho da população por ser uma relação [proporcional] mais fácil de representar.

Suponhamos que o Estado é composto por dez mil cidadãos. O soberano não pode ser considerado senão coletivamente e enquanto corpo. Mas cada particular na qualidade de súbdito é considerado como indivíduo. Desta forma, o soberano está para o súbdito como dez mil estão para um. Por outras palavras, cada membro do Estado não tem senão um décimo de milésimo da autoridade soberana, embora lhe esteja inteiramente submetido. Ainda que a população seja composta de cem mil homens, a condição dos súbditos não muda, e cada um carrega igualmente o império das leis, ao passo que o seu voto, reduzido a um centésimo de milésimo, tem dez vezes menos influência na redação da lei. Deste modo, permanecendo o súbdito sempre um, a relação com o soberano aumenta em razão da quantidade de cidadãos. Donde se conclui que, quanto mais o Estado cresce, mais a liberdade diminui.

Quando digo que a relação aumenta, entendo que se afasta da igualdade. Assim, quanto maior a relação na aceção dos geómetras, menos relação existe na aceção comum: na primeira, a relação considerada segundo a quantidade mede-se pelo expoente, e na outra, considerada segundo a identidade, julga-se pela similitude.

Ora bem, quanto menos as vontades particulares se relacionam com a vontade geral, isto é, os costumes com as leis, mais a força repressora deve aumentar. Logo, o governo, para ser bom, deve ser relativamente mais forte à medida que o povo aumenta em número.

De outra perspetiva, com o crescimento do Estado, ao proporcionar aos depositários da autoridade pública mais tentações e meios para abusar do seu poder, mais força deve possuir o governo para conter o povo, e mais força deve ter o soberano para, por sua vez, conter o governo. Não falo aqui de uma força absoluta, mas da força relativa das diversas partes do Estado.

Segue-se desta dupla relação que a proporção contínua entre o soberano, o príncipe e o povo não é uma ideia arbitrária, mas uma consequência necessária da natureza do corpo político. Conclui-se ainda que um dos extremos, a saber, o povo enquanto súbdito, fixado e representado pela unidade, sempre que a razão duplicada aumenta ou diminui, a razão simples aumenta ou diminui igualmente, e que, por conseguinte, o termo médio muda. O que mostra que não existe uma constituição de governo única e absoluta, mas que pode haver neste caso tantos governos diferentes em natureza quantos Estados diferentes em grandeza.

Se alguém afirmasse, levando este sistema ao ridículo, que, para encontrar essa média proporcional e formar o corpo do governo só seria preciso, na minha opinião, fazer a raiz quadrada do número da população, responderia que não tomo aqui esse número senão como um exemplo, que as relações de que falo não se medem apenas pelo número de homens, mas, em geral, pela quantidade de ação que é gerada por uma multiplicidade de causas. Quanto ao resto, se tomo de empréstimo os termos da matemática para me exprimir mais sucintamente, não ignoro, contudo, que a precisão geométrica não tem lugar nas quantidades morais.

Quando é pequeno, o governo é o que o corpo político que o contém é quando grande. É uma pessoa moral dotada de certas faculdades, ativa como o soberano, passiva como o Estado, passível de ser decomposta noutras relações semelhantes, donde nasce, em consequência, uma nova proporção, e desta uma outra, à medida que subimos na hierarquia do governo, até que se chega a um termo médio indivisível, isto é, a um único chefe ou magistrado supremo, que pode ser representado, no centro desta progressão, como a unidade entre a série das frações e a dos números.

Sem nos embaraçarmos nesta multiplicação de termos, contentemo-nos em considerar o governo como um novo corpo no Estado, distinto do povo e do soberano, e intermédio entre um e outro.

Há entre estes dois corpos esta diferença essencial, a de que o Estado existe por si mesmo e de que o governo não existe senão para o soberano. Assim, a vontade dominante do príncipe não é, ou não deve ser, senão a vontade geral ou a lei; a sua força é somente a força pública concentrada nele. Assim que desejar retirar de si mesmo qualquer ato absoluto ou independente, a ligação do todo começa a enfraquecer. Finalmente, se por acaso o príncipe tivesse uma vontade particular mais ativa do que a do soberano e usasse, para obedecer a essa vontade particular, a força pública que tem nas mãos, de sorte que, por assim dizer, existissem dois soberanos, um de direito e outro de facto, a união social evaporar-se-ia de imediato e o corpo político dissolver-se-ia.

No entanto, para que o corpo do governo tenha uma existência, uma vida real que o distinga do corpo do Estado, para que todos os seus membros possam agir concertadamente e cumprir o fim para que foi instituído, é preciso um eu particular, uma sensibilidade comum aos seus membros, uma força, uma vontade própria que tende para a sua conservação. Essa existência particular supõe assembleias, conselhos, um poder de deliberar, de decidir, direitos, títulos, privilégios que pertencem ao príncipe exclusivamente e que tornam a condição do magistrado mais honrosa na proporção em que é mais penosa. As dificuldades residem na maneira de ordenar no todo esse todo subalterno, de modo que não altere a constituição geral fortalecendo a sua, que saiba distinguir sempre a sua força particular destinada à sua própria conservação e a força pública destinada à conservação do Estado, e que, em suma, esteja sempre pronto a sacrificar o governo pelo povo e não o povo pelo governo.

Ademais, embora o corpo artificial do governo seja uma criação de um outro corpo artificial e não tenha senão uma espécie de vida tomada de empréstimo e subordinada, isso não impede que possa agir com mais ou menos vigor ou celeridade e gozar, por assim dizer, de uma saúde mais ou menos robusta. Enfim, sem se afastar diretamente do propósito da sua instituição, pode desviar-se mais ou menos, segundo a maneira como é constituído.

É de todas estas diferenças que nascem as diversas relações que o governo deve manter com o corpo do Estado, segundo as relações acidentais e particulares que modificam esse mesmo Estado. Na verdade, ocorre muitas vezes o melhor governo em si tornar-se o mais vicioso, caso as suas relações não se alterem de acordo com os defeitos do corpo político ao qual pertence.

CAPÍTULO II

Do princípio que constitui as várias formas de governo

Para expor a causa geral destas diferenças, temos de distinguir aqui entre o príncipe e o governo, como distingui acima entre o Estado e o soberano.

O corpo do magistrado pode ser composto de um maior ou menor número de membros. Afirmámos que a relação entre o soberano e os súbditos era tanto maior quanto maior a população, e através de uma analogia clara dissemos o mesmo do governo relativamente aos magistrados.

Ora, a força total do governo, sendo sempre a do Estado, não varia: donde se conclui que, quanto mais usa dessa força sobre os seus membros, menos lhe sobra para agir sobre o povo no seu todo.

Portanto, quanto maior é o número de magistrados, mais frágil é o governo. Como esta máxima é fundamental, tentemos esclarecê-la o melhor possível.

Na pessoa do magistrado, podemos distinguir três vontades essencialmente diferentes. Em primeiro lugar, a vontade própria do indivíduo, que tende exclusivamente para o seu próprio benefício; em segundo lugar, a vontade comum dos magistrados, que se refere unicamente ao benefício do príncipe e que podemos designar por vontade de corpo [*volonté de corps*], que é geral relativamente ao governo e particular relativamente ao Estado, do qual o governo faz parte; em terceiro lugar, a vontade do povo ou a vontade soberana, a qual é geral, quer em relação ao Estado considerado como o todo, quer em relação ao governo considerado como parte do todo.

Numa legislação perfeita, a vontade particular ou individual deve ser nula, a vontade de corpo própria ao governo, muito subordinada, e, por conseguinte, a vontade geral ou soberana deve ser sempre dominante e a única regra que determina todas as outras.

Pelo contrário, segundo a ordem natural, estas diferentes vontades tornam-se mais ativas à medida que se concentram. Deste modo, a vontade geral é sempre a mais frágil, a vontade de corpo surge num segundo nível, e a vontade particular é a primeira de todas: de sorte que, no governo, cada membro é primeiramente ele mesmo, depois magistrado e depois cidadão; uma gradação diretamente oposta à que exige a ordem social.

Posto isto, que todo o governo esteja nas mãos de um só homem, eis a vontade particular e a vontade de corpo perfeitamente reunidas, e esta, por conseguinte, no mais alto grau de intensidade que pode ter. Ora bem, como é do grau da vontade que depende o uso da força e como a força absoluta do governo não varia, conclui-se que o mais ativo dos governos é o de um só.

Ao contrário, unamos o governo à autoridade legislativa; façamos do soberano príncipe e de todos os cidadãos outros tantos magistrados. Neste caso, a vontade de corpo, confundida com a vontade geral, não terá mais atividade do que ela e não diminuirá toda a força da vontade particular. Assim sendo, o governo, sempre com a mesma força absoluta, está no *minimum* de força relativa ou de atividade.

Estas relações são incontestáveis, e outras considerações servem ainda para as confirmar. Vê-se, por exemplo, que cada magistrado é mais ativo no respetivo corpo do que cada cidadão no seu e que, em consequência, a vontade particular tem muito mais influência nos atos do governo do que nos do soberano; porque cada magistrado é quase sempre encarregado de alguma função do governo, ao passo que cada cidadão tomado à parte não tem função alguma de soberania. De resto, quanto mais o Estado cresce, mais a sua força real aumenta, embora não aumente devido à sua extensão. Mas, se o Estado permanecer o mesmo, os magistrados podem multiplicar-se à vontade, pois o governo não adquirirá em função disso uma força real maior, porque essa força é a do Estado, cuja medida é sempre igual. Deste modo, a força relativa ou a atividade do governo diminui, sem que a sua força absoluta ou real possa aumentar.

É ainda certo que a resolução dos assuntos se torna mais lenta consoante mais gente se encarrega deles: porque ao confiar-se demasiado na prudência, se faz pouco caso da sorte; porque se deixam escapar as ocasiões; e porque, deliberando demasiado, se perde muitas vezes o fruto da deliberação.

Acabo de provar que o governo enfraquece à medida que os magistrados se multiplicam e provei acima que, quanto mais numeroso é o povo, mais a força repressora deve aumentar. Donde se conclui que a proporção entre os magistrados e o governo deve ser inversa à dos súbditos com o soberano; isto é, que, quanto mais o Estado aumenta, mais o governo se deve reduzir; de tal forma que o número dos chefes diminua na proporção do aumento da população.

Acrescente-se que falo aqui somente da força relativa do governo, e não da sua retidão; porque, pelo contrário, quanto mais numerosos são os magistrados, mais a vontade de corpo se aproxima da vontade geral, ao passo que sob um único magistrado essa mesma vontade de corpo não representa, como já disse, senão uma vontade particular. Portanto, perde-se por um lado o que se ganha pelo outro, e a arte do legislador está em saber fixar o ponto em que a força e a vontade do governo, sempre em proporção recíproca, se combinam na proporção mais vantajosa para o Estado.

CAPÍTULO III

Divisão dos governos

Vimos no capítulo anterior o motivo pelo qual distinguimos as diversas espécies ou formas de governos pelo número dos membros que as compõem; resta-nos ver neste como se faz essa divisão.

O soberano pode, em primeiro lugar, confiar as funções do governo a todo o povo ou à grande parte do povo, de maneira que haja mais cidadãos magistrados do que cidadãos simples particulares. Dá-se a esta forma de governo o nome de *democracia.*

Ou pode, em vez disso, concentrar todo o governo nas mãos de um pequeno número, de modo que existam mais simples cidadãos do que magistrados; e esta forma tem o nome de *aristocracia.*

Finalmente, pode concentrar todo o governo nas mãos de um único magistrado do qual os demais recebem o seu poder. Esta terceira forma é a mais comum e chama-se *monarquia* ou governo real.

Note-se que todas estas formas ou, pelo menos, as duas primeiras, são suscetíveis de uma maior ou menor amplitude, chegando esta até a ser bastante grande, dado que a democracia pode abarcar todo o povo ou ficar-se pela metade. A aristocracia, por sua vez, pode, a partir da metade do povo, restringir-se ao mais pequeno número. A própria realeza é suscetível de alguma partilha. Esparta teve sempre dois reis na sua constituição; e, no Império Romano, vimos até oito imperadores em simultâneo sem que se pudesse dizer que o império estava dividido. Portanto, existe um ponto em que cada forma de governo se confunde com a seguinte, e vemos que, sob três meras denominações, o governo é realmente suscetível de tantas formas diversas quanto o número de cidadãos do Estado.

E mais: porque este mesmo governo pode, em certos aspetos, subdividir-se em outras partes, uma administrada de uma maneira e a outra de outra, é possível que destas três formas combinadas resulte uma multiplicidade de formas mistas, em que cada uma é multiplicável por todas as formas simples.

Em todos os tempos se discutiu bastante sobre a melhor forma de governo, sem considerar que cada uma delas é a melhor em certos casos e a pior noutros.

Se nos diferentes Estados o número dos magistrados supremos deve ser proporcionalmente inverso ao dos cidadãos, conclui-se que, em geral, o governo democrático convém aos pequenos Estados, o aristocrático aos médios e o monárquico aos grandes. Esta regra extrai-se imediatamente do princípio, mas como contar a pluralidade de circunstâncias que podem dar lugar a exceções?

CAPÍTULO IV

Da democracia

Quem faz a lei sabe melhor do que ninguém como ela deve ser aplicada e interpretada. Parece, assim, que não é possível ter uma constituição melhor do que aquela em que o poder executivo está associado ao legislativo. Mas é precisamente isso que torna este governo insuficiente em certos aspetos, porque as coisas que devem ser distinguidas não o são e porque o príncipe e o soberano, como não são a mesma pessoa, apenas formam, de certa maneira, um governo sem governo.

Não é apropriado que quem faz as leis as aplique, nem que o corpo do povo desvie a sua atenção das considerações gerais para a dedicar aos objetos particulares. Não há nada mais perigoso do que a influência dos interesses privados nos assuntos públicos, e o abuso das leis pelo governo é um mal menor do que a corrupção do legislador, consequência infalível das considerações particulares. Como tal, uma vez alterado o Estado na sua substância, qualquer reforma se torna impossível. Um povo que nunca abusasse do governo também não abusaria da independência; um povo que governasse sempre bem não precisaria de ser governado.

Se tomarmos o termo na sua aceção mais rigorosa, jamais existiu uma verdadeira democracia e jamais existirá. É contra a ordem natural que o grande número governe e que o pequeno seja governado. Não podemos imaginar que o povo permaneça constantemente reunido para se dedicar aos assuntos públicos e facilmente se percebe que seria impossível criar comissões para esse efeito sem que a forma se alterasse.

De facto, creio poder assentar como princípio que, quando as funções do governo são partilhadas entre múltiplos órgãos, os menos numerosos adquirem mais cedo ou mais tarde a maior autoridade, mesmo se apenas devido à facilidade com que resolvem os assuntos que naturalmente lhes são trazidos.

Além do mais, quantas coisas difíceis de juntar não supõe este governo! Primeiramente, um Estado muito pequeno em que o povo seja fácil de reunir e em que cada cidadão consiga conhecer facilmente todos os outros; em segundo lugar, uma grande simplicidade de costumes que evite a multiplicidade de assuntos e as discussões penosas; em seguida, grande igualdade nos estratos sociais e nas fortunas, sem a qual a igualdade não subsistiria por muito tempo nos direitos e na autoridade; por fim, pouco ou nenhum luxo, porque ou o luxo é consequência das riquezas, ou as torna necessárias; ele corrompe ao mesmo tempo o rico e o pobre, um através da posse, o outro através da cobiça; vende a pátria à indolência, à vaidade; tira ao Estado todos os seus cidadãos para os submeter uns aos outros e todos à opinião.

Eis a razão pela qual um autor célebre (*) estabeleceu a virtude como princípio para a república, porque nenhuma

---

(*) Referência a Montesquieu e à obra *Do Espírito das Leis*, III, 3.

destas condições se manteria sem a virtude; contudo, por não ter feito as distinções necessárias, este génio notável careceu amiúde de exatidão, outras vezes de clareza, e não viu que, sendo a autoridade soberana a mesma por toda a parte, o mesmo princípio deve ocorrer em todo o Estado bem constituído, mais ou menos, é verdade, segundo a forma de governo.

Acrescenta-se que não existe governo tão sujeito às guerras civis e às agitações intestinas como o democrático ou popular, pois nenhum tende tão forte e continuamente para a alteração de forma, nem exige mais vigilância e coragem para ser mantido na sua. É sobretudo nesta constituição que o cidadão se deve armar de força e de constância, e dizer todos os dias da sua vida, no fundo do seu coração, o que dizia um virtuoso palatino ([19]), na Dieta da Polónia: *Malo periculosam libertatem quam quietum servitium* [prefiro os perigos da liberdade à paz da servidão].

Se existisse um povo de deuses, governar-se-ia democraticamente. Um governo tão perfeito não convém a homens.

([19]) O palatino de Posnânia, pai do rei da Polónia, duque da Lorena.

CAPÍTULO V

Da aristocracia

Surgem aqui duas pessoas morais muito distintas, a saber, o governo e o soberano, e, portanto, duas vontades gerais, uma relacionada com todos os cidadãos, a outra somente com os membros da administração. Assim sendo, embora o governo possa regular a sua política interna como lhe aprouver, não pode nunca falar ao povo senão em nome do soberano, isto é, em nome do próprio povo; algo que não deve ser esquecido.

As primeiras sociedades foram governadas de modo aristocrático. Os chefes das famílias decidiam entre si os assuntos públicos. Os mais jovens cediam sem dificuldade à autoridade da experiência. Daí os nomes de *sacerdotes*, *anciãos*, *senado*, *gerontes*. Os selvagens da América setentrional governam-se ainda hoje deste modo e são muito bem governados.

Porém, conforme a desigualdade instituída prevaleceu sobre a desigualdade natural, preferiu-se a riqueza ou o poder([20]) à idade, e a aristocracia tornou-se eletiva. Enfim,

---

([20]) É claro que, para os antigos, o termo *optimates* não significa «os melhores», mas «os mais poderosos».

dado que o poder transmitido com os bens do pai aos filhos gerou as famílias patrícias, o governo tornou-se hereditário e viram-se governadores com vinte anos.

Existem três espécies de aristocracia: natural, eletiva, hereditária. A primeira convém apenas aos povos simples; a terceira é o pior de todos os governos. A segunda é a melhor: é a aristocracia propriamente dita.

Além da vantagem da distinção entre os dois poderes, tem ainda a da escolha dos seus membros; pois, no governo popular, todos os cidadãos nascem magistrados, mas este limita-os a um pequeno número e apenas mediante eleição([21]), meio pelo qual a probidade, o esclarecimento, a experiência e todas as outras razões de preferência e de estima pública são outras tantas novas garantias de que será governado sabiamente.

Além disso, as assembleias realizam-se tranquilamente, os assuntos são mais bem discutidos, resolvem-se com mais ordem e diligência, a reputação do Estado no exterior é mais bem conservada pela ação de venerandos senadores do que por uma populaça desconhecida ou desprezada.

Em suma, a melhor e mais natural ordem é que os mais sábios governem a multidão, quando se está seguro de que a governarão em proveito dela e não de si próprios. Os recursos não têm de ser multiplicados inutilmente, nem fazer com vinte mil homens o que cem homens selecionados podem fazer ainda melhor. Mas deve notar-se que o interesse de corpo começa aqui a seguir a regra

---

([21]) É muito importante regular pelas leis a forma de eleição dos magistrados, pois, ao entregá-la à vontade do príncipe, não é possível evitar cair na aristocracia hereditária, como sucedeu nas repúblicas de Veneza e Berna. Assim, a primeira é há muito um Estado dissolvido; mas a segunda mantém-se pela extrema sabedoria do seu senado; é uma exceção bastante honrosa e bastante perigosa.

da vontade geral, quando dirige a força pública, e que uma outra tendência inevitável retira às leis uma parte do poder executivo.

Quanto às conveniências particulares, o Estado não deve ser nem tão pequeno, nem um povo tão simples e tão reto que a execução das leis siga imediatamente a vontade pública, como numa boa democracia. Nem é preciso uma nação tão grande que os chefes espalhados para a governar se separem, na sua província, do soberano e se tornem independentes e, por fim, os seus senhores.

Mas, se a aristocracia exige algumas virtudes a menos do que o governo popular, exige ao mesmo tempo outras que lhe são próprias, como a moderação nos ricos e o contentamento nos pobres; visto que, aparentemente, uma igualdade rigorosa estaria aí fora de lugar; nem sequer em Esparta foi seguida.

De resto, se esta forma comporta uma certa desigualdade de fortuna, isso deve-se ao facto de, em geral, a administração dos assuntos públicos estar confiada aos que lhe podem dedicar mais do seu tempo, e não, como pretende Aristóteles, para que os ricos sejam sempre preferidos. Pelo contrário, o importante é que a escolha oposta ensine, por vezes, ao povo que há no mérito dos homens razões de preferência mais importantes do que a riqueza.

CAPÍTULO VI

Da monarquia

Até aqui, considerámos o príncipe como uma pessoa moral e coletiva, tornada una pela força das leis e depositária, no Estado, do poder executivo. Devemos agora considerar esse poder reunido nas mãos de uma pessoa natural, de um homem real, que, sozinho, tenha o direito de dispor dele segundo as leis. É o que chamamos de monarca ou rei.

Ao contrário das outras administrações, em que um ser coletivo representa um indivíduo, nesta um indivíduo representa um ser coletivo; de modo que a unidade moral que o príncipe constitui é, ao mesmo tempo, uma unidade física, na qual todas as faculdades que a lei reúne na outra com tanto esforço se encontram reunidas de um modo natural.

Assim, a vontade do povo, a vontade do príncipe, a força pública do Estado e a força particular do governo, tudo responde à mesma motivação, todos os recursos da máquina estão na mesma mão, tudo se encaminha para um mesmo fim; não existem movimentos opostos que se destruam mutuamente, e não podemos imaginar qualquer espécie de constituição na qual um menor esforço produzisse uma ação mais significativa. Arquimedes, sentado tranquilamente à beira-mar, puxando sem dificuldade um grande barco, é para mim a imagem de um hábil monarca, que governa do seu gabinete os seus vastos Estados, pondo tudo em movimento enquanto aparenta estar imóvel.

Mas, se não existe outro governo que tenha mais vigor, não existe um em que a vontade particular tenha mais influência e domine mais facilmente os outros. É verdade que tudo serve o mesmo fim, mas esse fim não é o da felicidade pública, e a própria força da administração opera constantemente em detrimento do Estado.

O desejo dos reis é serem absolutos, e há muito que se ouvem apelos de que o melhor meio de o ser passa por se fazerem amar pelos seus povos. Esta máxima é muito bela e mesmo muito verdadeira em certos aspetos. Infelizmente, é ridicularizada nas cortes. O poder que vem do amor dos povos é, sem dúvida, o maior, mas é precário e incondicional; nunca um príncipe se contentará com ele. Os melhores reis querem poder ser cruéis à vontade, sem deixar de ser os senhores. Um moralista político pode muito bem dizer-lhes que a força do povo é a sua, que o seu maior interesse é que o povo prospere, seja em grande número, temível. Eles sabem muito bem que isso não é verdade. O seu interesse pessoal é, acima de tudo, que o povo seja frágil, miserável e que jamais lhe resista. Admito que o interesse do príncipe, partindo do pressuposto de que os súbditos estão perfeitamente submetidos, seria então que o povo fosse poderoso, a fim de que esse poder, sendo seu, o tornasse formidável aos olhos dos seus vizinhos; mas, como esse interesse é meramente secundário e subordinado, e como as duas suposições são incompatíveis, é natural que os príncipes prefiram a máxima que lhes é mais útil no imediato. Foi isto que Samuel disse aos hebreus com veemência; foi isto que Maquiavel demonstrou claramente. Fingindo dar lições aos reis, deu-as, e grandes, aos povos. *O Príncipe* de Maquiavel é o livro dos republicanos. ([22])

Observámos (*), por um exame geral, que a monarquia não é conveniente senão aos grandes Estados e observamo-lo ainda quando a examinamos em si mesma. Quanto mais numerosa é a administração pública, mais a relação do príncipe com os súbditos diminui e se aproxima da igualdade, de maneira que, na democracia, essa relação é una ou a própria igualdade. Essa mesma relação aumenta à medida que o governo se restringe e atinge o seu *maximum* quando está nas mãos de um só. Percebemos, nesse instante, uma grande distância entre o príncipe e o povo, e o Estado carece de coesão. Para a criar, são necessárias ordens intermédias. São necessários príncipes, grandes homens, nobreza para as preencher. Ora, nada disto convém a um pequeno Estado, que é arruinado por estas hierarquias.

Mas, se é difícil que um Estado grande seja bem governado, é-o ainda mais que seja bem governado por um

---

([22]) Maquiavel era um homem honesto e um bom cidadão; no entanto, ligado à casa dos Médicis, era forçado, no meio da opressão da sua pátria, a disfarçar o seu amor pela liberdade. A mera escolha do seu execrável herói basta para mostrar a sua intenção secreta; e a oposição entre as máximas do seu livro *O Príncipe* e as do *Discurso sobre Tito Lívio* e da sua história de Florença demonstra que este político profundo não teve até hoje senão leitores superficiais ou corrompidos. A corte de Roma proibiu severamente o seu livro. Compreendo-a perfeitamente; é a ela que descreve com maior clareza. [Nota de Rousseau à edição de 1782.]

(*) Referência ao parágrafo final do Capítulo III do Livro III.

só homem, e todos sabem o que acontece quando o rei designa alguém para agir no seu lugar.

Um defeito essencial e inevitável, que tornará sempre o governo monárquico inferior ao republicano, é que, neste, a voz pública nunca promove aos primeiros lugares senão homens esclarecidos e capazes, que os ocupam com honra; ao passo que, numa monarquia, aqueles que têm êxito numa corte não passam o mais das vezes de incompetentes, de tratantes, de intriguistas, a quem os medíocres talentos que, nas cortes, permitem assumir os lugares de maior destaque só servem para mostrar ao público a sua inaptidão no momento em que os ocupam. O povo engana-se muito menos nesta escolha do que o príncipe, e um homem de real mérito é quase tão raro num ministério como um imbecil à cabeça de um governo republicano. Deste modo, quando, por um feliz acaso, um desses homens nascidos para governar assume a responsabilidade pelos assuntos numa monarquia quase arruinada por esse bando de burocratas sem préstimo, ficamos surpreendidos com os recursos que encontra, e isso dá início a uma era num país.

Para que um Estado monárquico possa ser bem governado, seria necessário que a sua grandeza ou a sua extensão se adequassem às faculdades daquele que governa. É mais fácil conquistar do que reinar. Usando uma alavanca capaz, é possível mover o mundo com um dedo, mas são necessários os ombros de Hércules para o sustentar. Por muito pequeno que seja um Estado, o príncipe é quase sempre demasiado pequeno. Quando, pelo contrário, sucede o Estado ser demasiado pequeno para o seu chefe, o que é muito raro, continua a ser mal governado, porque o chefe, seguindo sempre a grandeza das suas visões, esquece o interesse dos povos, tornando-os tão infelizes pelo abuso dos talentos que possui em excesso como um chefe limitado pela falta deles. Seria preciso, de certa maneira, que um reino se expandisse ou se restringisse em cada reinado segundo a capacidade do príncipe; ao passo que um senado, de talentos mais fixos, permite ao Estado ter limites constantes e à administração não andar menos bem.

O inconveniente mais visível do governo de um só é a ausência desta sucessão contínua, que forma, nos outros dois, um vínculo ininterrupto. Morto um rei, é necessário outro; as eleições deixam intervalos perigosos, são turbulentas, e, a menos que os cidadãos manifestem uma imparcialidade, uma integridade, que este governo não demonstra, a desordem e a corrupção acabam por surgir. É difícil que aquele a quem o Estado se vendeu não o venda, por sua vez, e não se compense retirando aos fracos o dinheiro que os poderosos lhe extorquiram. Mais cedo ou mais tarde, tudo se torna venal numa administração desta natureza, e a paz de que se goza sob o comando dos reis é pior do que a desordem dos interregnos.

O que se fez para prevenir estes males? Instituiu-se a hereditariedade das coroas em certas famílias e estabeleceu-se uma ordem de sucessão que evita qualquer disputa na morte dos reis. Isto quer dizer que, ao substituir o inconveniente das regências pelo das eleições, se preferiu uma aparente tranquilidade a uma administração sensata e que se preferiu correr o risco de ter por chefes crianças, monstros, imbecis, a ter de se discutir sobre a escolha de bons reis. Não se pensou que, ao expor-nos assim aos riscos da alternativa, temos quase todas as probabilidades contra nós. O jovem Dionísio usou uma expressão muito sensata, dizendo, no instante em que o seu pai lhe censurou uma ação vergonhosa: «Terei sido eu a dar-te o exemplo?» «Ah», respondeu o filho, «vosso pai não era rei!»

Tudo concorre para privar de justiça e de razão um homem educado para comandar os outros. Ao que se diz, é à custa de muito esforço que se ensina aos jovens príncipes a arte de reinar: não parece que tal educação lhes seja proveitosa. Seria preferível começar por lhes ensinar a arte de obedecer. Os mais ilustres reis que a História celebrizou não foram educados para reinar; trata-se de uma ciência que é sempre menos conhecida por aqueles que a estudaram em demasia e que se adquire melhor obedecendo do que comandando. *Nam utilissimus idem ac brevissimus bonarum malarumque rerum delectus, cogitare quid aut nolueris sub alio Principe aut volueris.*(23) [Pois o meio mais cómodo e mais rápido de discernir o bem do mal é perguntares-te o que terias ou não terias desejado se um outro, que não tu, tivesse sido rei.]

Uma consequência desta falta de coerência é a inconstância do governo real, que, ora se regulando num plano ora noutro, segundo o caráter do príncipe que reina ou daqueles que reinam por ele, não pode manter durante muito tempo um propósito estável nem uma conduta consequente; variação que faz sempre o Estado vogar de máxima em máxima, de projeto em projeto, e que não sucede nos outros governos em que o príncipe é sempre o mesmo. Da mesma maneira, observa-se que, em geral, se existe mais astúcia numa corte, existe mais sabedoria num senado e que as repúblicas se dirigem para os seus fins por meio de visões mais constantes e mais bem seguidas, ao passo que cada revolução num ministério produz outra no Estado. A máxima comum a todos os ministros, e a

---

(23) Tácito, *Histórias*, I, 16.

quase todos os reis, é fazer em tudo o contrário do seu predecessor.

Desta mesma incoerência se extrai ainda a solução para um sofisma muito familiar aos políticos reais: o de não só comparar o governo civil com o governo doméstico e o príncipe com o pai de família — erro que já refutei(*) —, como também de atribuir liberalmente a esse magistrado todas as virtudes de que necessitaria, partindo sempre do pressuposto de que o príncipe é o que deveria ser; com base nesta suposição, o governo real é evidentemente preferível a qualquer outro, porque é incontestavelmente o mais forte e porque, para ser também o melhor, apenas lhe falta uma vontade de corpo mais conforme à vontade geral.

Mas, se, de acordo com Platão([24]), o rei é, por natureza, uma figura muito rara, quantas vezes a natureza e a fortuna não concorrem para o coroar? E, se a educação real corrompe necessariamente aqueles que a recebem, que devemos nós esperar de uma sucessão de homens educados para reinar? É, pois, uma ilusão em que incorremos, quando confundimos o governo real com o de um bom rei. Para saber como é este governo em si mesmo, há que o observar debaixo do comando de príncipes limitados ou cruéis; pois chegarão assim ao trono ou o trono os fará assim.

Estas dificuldades não escaparam aos nossos autores, mas não os embaraçaram. Dizem eles que o remédio é obedecer sem queixume. A cólera de Deus deu-nos os reis cruéis, e é mister suportá-los como castigos do céu. Este discurso é edificante, sem dúvida; mas não sei se não seria

---

(*) Cf. Livro I, Cap. III.

([24]) In *Civili.* [Trata-se de *O Político.*]

mais adequado num púlpito do que num livro de política. Que dizer de um médico que promete milagres e cuja arte se resume a exortar o doente à paciência? Toda a gente sabe que é preciso suportar um mau governo quando se tem um; a questão está em encontrar um bom.

CAPÍTULO VII

Dos governos mistos

A bem dizer, não há [formas de] governo simples. É preciso que um chefe único tenha magistrados subalternos; é preciso que um governo popular tenha um chefe. Deste modo, na partilha do poder executivo, existe sempre gradação do grande número ao menor, com essa diferença de que ora o grande número depende do pequeno, ora o pequeno, do grande.

Por vezes, existe partilha real, seja quando as partes constitutivas são interdependentes, como no governo de Inglaterra, seja quando a autoridade de cada parte é independente, mas imperfeita, como na Polónia. Esta última forma é má, porque não existe unidade no governo nenhuma, e porque o Estado carece de coesão.

O que é preferível: um governo simples ou um governo misto? Questão debatida apaixonadamente entre os teóricos políticos, e à qual temos de dar a mesma resposta que dei acima a propósito de todas as formas de governo. O governo simples é o melhor em si, pelo simples facto de ser simples. Mas, quando o poder executivo não depende o suficiente do legislativo, isto é, quando existe uma relação mais forte entre o príncipe e o soberano do que entre o povo e o príncipe, é preciso remediar essa falha de proporção dividindo o governo; porque então essas partes não têm menos autoridade sobre os súbditos, e a sua divisão torna-as, em conjunto, menos fortes contra o soberano.

O mesmo inconveniente é também evitado criando magistrados intermédios; ao deixarem o governo indiviso, têm como único propósito equilibrar os dois poderes e manter os seus direitos respetivos. Neste caso, o governo não é misto, é temperado.

Por meios semelhantes, pode remediar-se o inconveniente oposto e, quando o governo é demasiado frouxo, criar órgãos administrativos para o concentrar, uma prática utilizada em todas as democracias. No primeiro caso, divide-se o governo para o enfraquecer, no segundo, para o reforçar; pois os *maxima* de força e de fraqueza encontram-se igualmente nos governos simples, ao passo que as formas mistas conferem uma força média.

CAPÍTULO VIII

Que nem todas as formas de governo são adequadas a todos os países

Uma vez que a liberdade não frutifica em todos os climas, não está ao alcance de todos os povos. Quanto mais se reflete neste princípio proposto por Montesquieu, mais sentimos a sua verdade. Quanto mais o contestamos, mais ocasiões damos para novas provas o confirmarem.

Em todos os governos do mundo, a pessoa pública consome, mas não produz nada. De onde lhe vem, então, a substância consumida? Do trabalho dos seus membros. É o supérfluo dos particulares que providencia o necessário do público. Donde se segue que o estado civil não pode subsistir senão enquanto o trabalho dos homens produzir além das suas necessidades.

Ora bem, este excedente não é o mesmo em todos os países do mundo. Em muitos, é significativo, noutros, mediano, noutros, nulo, noutros, negativo. Esta relação depende da fertilidade proporcionada pelo clima, do tipo de trabalho que a terra exige, da natureza das suas produções, da força dos seus habitantes, do maior ou menor consumo de que necessitam e de muitas outras relações semelhantes que a compõem.

Por outro lado, nem todos os governos têm a mesma natureza; existem uns que são mais ou menos devoradores, e as diferenças fundam-se nesse outro princípio que afirma que, quanto mais as contribuições públicas se apartam da sua fonte, mais elas são onerosas. Não é pela quantidade das imposições que deve medir-se esse encargo, mas pelo caminho que têm de fazer para regressar às mãos das quais saíram. Quando essa circulação é rápida e bem estabelecida, pouco importa se se paga pouco ou muito. O povo é sempre rico, e as finanças estão sempre em ordem. Ao contrário, por pouco que o povo dê, quando esse pouco não lhe é devolvido, ao dar, acaba sempre por se esgotar rapidamente. O Estado nunca enriquece, e o povo está sempre na miséria.

Resulta disto que, quanto mais a distância entre povo e governo aumenta, mais pesados se tornam os tributos. Destarte, na democracia, o povo é o menos carregado, na aristocracia é-o mais, na monarquia suporta o maior peso. A monarquia não convém, por isso, senão às nações opulentas; a aristocracia aos Estados medianos em riquezas como em extensão; a democracia aos Estados pequenos e pobres.

Na verdade, quanto mais refletimos, mais diferenças encontramos, neste aspeto, entre os Estados livres e os monárquicos: nos primeiros, tudo se emprega para a utilidade comum; nos outros, as forças públicas e particulares são recíprocas, e uma aumenta mediante o enfraquecimento da outra. Finalmente, em lugar de governar os súbditos para os tornar felizes, o despotismo governa-os tornando-os miseráveis.

Em cada clima, existem, portanto, causas naturais a partir das quais é possível atribuir a forma de governo para a qual a força do clima o arrasta e inclusive dizer que espécie de habitantes deve ter. Os lugares ingratos e estéreis onde o produto não vale o trabalho devem permanecer incultos e desertos, ou apenas povoados de selvagens. Os lugares onde o trabalho dos homens não produz senão o necessário devem ser habitados por povos bárbaros; nenhuma organização política é aí possível. Os lugares onde o excesso do produto do trabalho é mediano convêm aos povos livres; aqueles onde o território abundante e fértil produz bastante com pouco trabalho devem ter um governo monárquico, por forma a o excesso adicional dos súbditos ser consumido pelo luxo do príncipe; pois mais vale que este excesso seja absorvido pelo governo do que dissipado pelos particulares. Existem exceções, eu sei. Mas estas mesmas exceções confirmam a regra, na medida em que, mais cedo ou mais tarde, produzem revoluções que devolvem as coisas à ordem natural.

As leis gerais devem ser sempre distinguidas das causas particulares que lhe podem modificar o efeito. Mesmo que todo o Sul esteja repleto de repúblicas e todo o Norte, de Estados despóticos, não deixaria de ser menos verdade que, por efeito do clima, o despotismo convém aos países quentes e a boa organização política, às regiões intermédias. Admito que, embora concordando no princípio, possamos discordar na aplicação: é possível dizer-se que existem países frios muito férteis e meridionais muito ingratos. Mas isto é uma dificuldade apenas para aqueles que não examinam a coisa em todos os seus aspetos. É preciso, como já disse acima, pensar questões como a do trabalho, das forças, do consumo, etc.

Suponhamos que, entre dois terrenos iguais, um produz cinco e o outro, dez. Se os habitantes do primeiro consomem quatro unidades e os do último, nove, o excesso do primeiro será 1/5, o do segundo, 1/10. Como a relação destes dois excessos é, portanto, inversa à dos produtos, o terreno que produzir apenas cinco unidades resultará num excesso duas vezes maior do que o do terreno que produz dez.

Não se trata, contudo, de um produto a dobrar, e julgo que ninguém ousará dizer, em geral, que a fertilidade dos países frios é sequer igual à dos países quentes. No entanto, suponhamos essa igualdade; ponhamos, se quisermos, Inglaterra em igualdade com a Sicília, e a Polónia com o Egito. Mais a sul, temos a África e as Índias; mais a norte, não temos nada. Para uma tal igualdade de produção, quanta diferença no cultivo! Na Sicília, basta esgaravatar a terra; em Inglaterra, quantos esforços empregados para a cultivar! Pois bem, onde são necessários mais braços para chegar à mesma produção, o supérfluo tem de ser necessariamente menor.

Além do mais, considerai que a mesma quantidade de homens consome muito menos nos países quentes. O clima exige que se seja sóbrio para se sentir bem. Os europeus que insistem em viver aí como nos seus países de origem morrem todos de disenteria e de indigestão. «Somos», afirma Chardin(*), «animais carnívoros, lobos, comparados com os Asiáticos. Alguns atribuem a sobriedade dos Persas ao facto de o seu país ser menos cultivado; já eu creio, pelo contrário, que o seu país é menos abundante em víveres porque os habitantes precisam de menos. Se a sua frugalidade», continua ele, «fosse um efeito da escassez do país, só os pobres comeriam pouco e não toda a gente, e comer-se-ia mais ou menos em cada província conforme a fertilidade do país, em lugar de se encontrar a

(*) Jean Chardin, *Voyage em Perse* (1711).

mesma sobriedade por todo o reino. Eles louvam bastante a sua maneira de viver, dizendo que basta olhar a cor da sua pele para reconhecer como é mais excelente do que a dos cristãos. E, de facto, a tez dos Persas é uniforme; têm a pele bela, fina e lisa, enquanto a tez dos seus súbditos arménios, que vivem à europeia, é rude, têm rosácea, e os seus corpos são grandes e pesados.»

Quanto mais próximos do equador, mais os povos vivem com pouco. Quase não comem carne; o arroz, o milho, o cuscuz, o milho-miúdo, a caçava são alimentos comuns. Existem nas Índias milhões de homens cuja alimentação não custa um soldo por dia. Vemos na própria Europa diferenças óbvias quanto ao apetite entre os povos do Norte e do Sul. Um espanhol viveria oito dias com o jantar de um alemão. Nos países onde os homens são mais vorazes, o luxo volta-se igualmente para as coisas de consumo. Em Inglaterra, manifesta-se numa mesa carregada de carnes; em Itália, é-se regalado com açúcar e flores.

O luxo do vestuário mostra diferenças semelhantes. Nos climas em que as mudanças de estação são rápidas e violentas, as roupas são melhores e mais simples; naqueles em que a roupa serve apenas como adorno, procura-se mais o aparato do que a utilidade; as próprias vestes são aí um luxo. Em Nápoles, veem-se todos os dias passear homens no Posillipo de roupas douradas e sem meias. Passa-se o mesmo com os edifícios: consagra-se tudo à magnificência, quando não se receiam as inclemências do tempo. Em Paris, em Londres, deseja-se um alojamento quente e confortável. Em Madrid, existem salões soberbos, mas sem janelas que fechem, e dorme-se em ninhos de ratos.

Os alimentos são muito mais substanciais e suculentos nos países quentes; é uma terceira diferença que não pode deixar de influenciar a segunda. Porque se comem tantos legumes em Itália? Porque são bons, nutritivos, de sabor excelente. Em França, onde são apenas regados com água, não alimentam e quase não se veem nas mesas. Mas nem por isso ocupam menos área, nem deixam de custar tanto a cultivar. É um facto da experiência que o trigo da Berbéria, de resto inferior ao francês, dá muito mais farinha e que, por sua vez, o francês dá mais do que o trigo do Norte. Donde pode concluir-se que uma gradação similar se observa geralmente na mesma direção do equador ao polo. Pois bem, não será uma desvantagem evidente ter uma menor quantidade de alimento produzindo o mesmo?

A todas estas considerações posso acrescentar outra que decorre daquelas e que as fortalece: a de que os países quentes têm menos necessidade de habitantes do que os países frios, embora pudessem alimentar mais. O que produz um excesso a dobrar, favorecendo sempre o despotismo. Quanto mais o mesmo número de habitantes ocupar uma grande superfície, mais difíceis se tornam as revoltas, porque não é possível que concertem ações tão pronta e secretamente e porque é sempre fácil ao governo descobrir as intenções e cortar as comunicações. Todavia, mais um povo numeroso se junta, menos o governo pode usurpar o soberano. Os chefes decidem com a mesma segurança nos seus gabinetes que o príncipe no seu conselho, e a multidão reúne-se tão depressa nas praças como as tropas nos seus quartéis. A vantagem de um governo tirânico está, pois, em agir a grandes distâncias. Com a ajuda de pontos de apoio que dá a si mesmo, a sua força aumenta ao longe como a de uma alavanca.([25]) Pelo

([25]) Isto não contradiz o que afirmei acima, Livro II, Capítulo IX, sobre os inconvenientes dos grandes Estados, porque se tratava, nesse caso, da autoridade do governo sobre os seus membros e, neste, trata-se da sua força contra os seus súbditos. Os seus membros espalhados

contrário, a força do povo só age quando concentrada; assim que se expande, evapora-se, como o efeito da pólvora espalhada pela terra e que não se acende exceto grão a grão. Os países menos populosos são, por conseguinte, os mais propensos à tirania. As bestas ferozes só reinam nos desertos.

---

servem-lhe de pontos de apoio para agir à distância sobre o povo, mas não tem ponto de apoio para agir diretamente sobre os seus próprios membros. Assim, num dos casos, o comprimento da alavanca torna-o fraco, no outro, forte.

CAPÍTULO IX

Dos sinais de um bom governo

Desta feita, quando se pergunta qual é, incondicionalmente, o melhor governo, levanta-se uma questão insolúvel e indeterminada; ou, se quisermos, ela tem tantas respostas corretas quantas combinações possíveis nas posições absolutas e relativas dos povos.

Mas seria diferente se perguntássemos por que sinal se saberia que um determinado povo é bem ou malgovernado; nesse caso, a questão poderia, de facto, resolver-se.

No entanto, ninguém a resolve, porque todos a querem resolver à sua maneira. Os súbditos elogiam a tranquilidade pública; os cidadãos, a liberdade dos particulares; um prefere a segurança da posse dos bens, o outro, a das pessoas; um assevera que o melhor governo é o mais severo, o outro defende que é o mais brando; este quer que os crimes sejam punidos, e aquele, que sejam evitados; um acha bem que se devem temer os vizinhos, o outro prefere que sejam ignorados; um fica satisfeito quando o dinheiro circula, o outro exige pão para o povo. Ainda que estivéssemos de acordo quanto a estes pontos e outros que tais, teríamos avançado alguma coisa? Por muito que concordássemos em relação ao sinal, uma vez que as quantidades morais carecem de medida precisa, como estar certo da sua apreciação?

Pelo que me toca, fico sempre espantado com o desconhecimento de um sinal tão evidente, ou que se tenha a má-fé de não concordar acerca dele. Qual é o fim da associação política? É a conservação e a prosperidade dos seus membros. E qual é o sinal mais certo de que se conservam e prosperam? É o seu número e a sua população. Não é preciso ir procurar mais longe este sinal tão discutido. Sendo todas as outras coisas iguais, o governo sob o qual, sem meios externos, sem naturalizações, sem colónias, os cidadãos florescem e se multiplicam é infalivelmente o melhor; aquele sob o qual um povo diminui e definha é o pior. Calculadores, cabe-vos agora a vós; contai, medi, comparai.([26])

([26]) Deve aplicar-se o mesmo princípio quando julgamos os séculos que achamos terem contribuído mais para a prosperidade do género humano. Admirámos em demasia aqueles em que vimos as letras e as artes florescer, sem perscrutar o objeto secreto da sua cultura, sem considerar o efeito funesto, *idque apud imperitos humanitas vocabatur, cum pars servitutis esset.* [Para os ignorantes. isto passava por cultura, quando já era parte da servidão (Tácito, *Agrícola,* XXI).] Será que não vemos, por uma vez que seja, nas máximas dos livros, o interesse vulgar que motiva os seus autores? Não, digam o que disserem, quando, apesar do seu esplendor, um povo perde população, não é verdade que tudo esteja bem, e não basta que um poeta tenha cem mil libras de renda para que o seu século seja o melhor de todos. Devemos olhar menos para a paz aparente e para a tranquilidade dos chefes, e mais para o bem-estar de nações inteiras e sobretudo dos Estados mais numerosos. A geada desola alguns cantões, mas raramente gera fome. As revoltas, as guerras civis assustam bastante os chefes, mas não são as verdadeiras causas da infelicidade dos povos, que podem muito bem estar tranquilos enquanto discutem quem os tiranizará. É o seu estado permanente que gera as suas prosperidades ou as suas calamidades reais: é quando tudo é esmagado sob o jugo da tirania que tudo definha. E é então que os chefes os destroem à sua vontade, *ubi solitudinem faciunt pacem appellant.* [Chamam paz à desolação que criam (Tácito, *Agrícola*, XXXI).] Quando as intrigas dos grandes agitavam o reino de França, e o coadjutor de Paris levava para o parlamento um punhal na sua bolsa, isso não impedia que o povo francês vivesse feliz e numeroso num bem-estar honesto e livre. Outrora, a Grécia florescia no meio das guerras mais cruéis; o sangue corria a rodos, e o país estava repleto de homens. Parecia, diz Maquiavel, que, no meio dos assassinatos, das proscrições, das guerras civis, a nossa república se tornara mais poderosa; a virtude dos seus cidadãos, os seus costumes, a sua independência tinham mais efeito para a reforçar do que todas as suas dissensões para a enfraquecer. Um pouco de agitação dá energia às almas, e é menos a paz do que a liberdade o que faz realmente prosperar a espécie.

CAPÍTULO X

Do abuso do governo e da sua tendência para degenerar

Assim como a vontade particular age constantemente contra a vontade geral, também o governo faz um esforço contínuo contra a soberania. À medida que esse esforço aumenta, mais a constituição se altera, e, como não existe aqui outra vontade de corpo, que, resistindo à do príncipe, se equilibre com ela, é inevitável que, mais cedo ou mais tarde, o príncipe acabe por oprimir o soberano e romper o contrato social. É este o vício inerente e inevitável que, desde a origem do corpo político, tende sem descanso para o destruir, tal como, no fim, a velhice e a morte destroem o corpo do homem.

São duas as vias gerais pelas quais um governo degenera, a saber: quando se contrai ou quando o Estado se dissolve.

O governo contrai-se quando passa do grande número ao pequeno, isto é, da democracia para a aristocracia e da aristocracia para a realeza. É essa a sua inclinação natural.([27]) Se regride do pequeno número para o grande,

([27]) A formação lenta e a expansão da República de Veneza nas suas lagunas oferece um exemplo notável dessa evolução; e é realmente impressionante que, há duzentos anos, os Venezianos pareçam não ter ainda passado da segunda fase, a qual começou no *Serrar di consiglio*, em 1198. Quanto aos antigos duques que foram alvo das suas críticas, está provado, diga o que disser o *Squittinio della libertà veneto*, que não foram seus soberanos.

Uma objeção é o facto de a República Romana, que teve, segundo se dirá, um progresso exatamente inverso, ter passado da monarquia para a aristocracia e da aristocracia para a democracia. Estou muito longe de pensar o mesmo.

O primeiro governo estabelecido por Rómulo foi um governo misto que degenerou prontamente num despotismo. Por razões específicas, o Estado pereceu antes do tempo, como um recém-nascido antes de ter alcançado a idade adulta. A expulsão dos Tarquínios constituiu a verdadeira época do nascimento da república. Mas ela não assumiu inicialmente uma forma constante, visto que, ao não abolir o patriciado, realizou tão-somente metade da tarefa. Pois, desta maneira, a aristocracia hereditária, que é a pior das administrações legítimas, manteve-se em conflito com a democracia, e a forma de governo, sempre incerta e volátil, só foi fixada, como demonstrou Maquiavel, com o estabelecimento dos tribunos. Só então houve um verdadeiro governo e uma verdadeira democracia. Com efeito, o povo não era nessa altura apenas soberano, mas também magistrado e juiz; o senado era somente um órgão subordinado, para temperar e centrar o governo; e os próprios cônsules, embora patrícios e primeiros magistrados, embora generais absolutos na guerra, eram, em Roma, simples presidentes do povo.

Daí em diante, vimos igualmente o governo assumir a sua tendência natural e pender fortemente para a aristocracia. Depois de o patriciado se abolir como que a si mesmo, a aristocracia já não estava no corpo dos patrícios como em Veneza ou em Génova, mas no corpo do senado composto por patrícios e plebeus, inclusive no corpo dos tribunos quando começaram a usurpar um poder ativo. Pois as palavras não afetam as coisas; quando o povo tem chefes que governam por si, seja qual for o nome desses chefes, é sempre uma aristocracia.

poder-se-ia dizer que afrouxa, porém, este progresso inverso é impossível.

Com efeito, o governo só muda de forma quando a sua vitalidade se desgasta e o deixa demasiado enfraquecido para poder conservá-la. Ora bem, se se afrouxasse mais ao expandir-se, a sua força diminuiria até cessar, e a sua vida seria ainda mais curta. Logo, é preciso revigorar e fortalecer a sua vitalidade conforme definha, caso contrário, o Estado que ela suporta cairá em ruínas.

A dissolução do Estado pode suceder de duas maneiras.

Em primeiro lugar, quando o príncipe já não administra o Estado segundo as leis e quando usurpa o poder soberano. A mudança que então ocorre é notável: o Estado, não o governo, contrai-se. Quero dizer com isto que o grande Estado se dissolve e um outro se forma no seu lugar, composto apenas dos membros do governo, e que, em relação ao resto do povo, já não se comporta senão como o seu senhor e tirano. De maneira que, mal o governo usurpa a soberania, o pacto social se rompe, e todos os comuns cidadãos, restituídos por direito à sua liberdade natural, são forçados, mas não obrigados, a obedecer.

O mesmo sucede ainda quando os membros do governo usurpam separadamente o poder que não podem exercer exceto enquanto corpo; o que não constitui uma infração menor das leis e produz uma desordem ainda maior. Fica-se, então, por assim dizer, com tantos príncipes quantos magistrados; e o Estado, não menos dividido do que o governo, morre ou muda de forma.

Do abuso da aristocracia nasceram as guerras civis e o triunvirato. Sula, Júlio César, Augusto tornaram-se de facto verdadeiros monarcas; e no final, sob o despotismo de Tibério, o Estado foi dissolvido. A história romana não desmente, por isso, o meu princípio: ela confirma-o.

Quando o Estado se dissolve, os excessos do governo, seja ele qual for, assumem o nome de *anarquia*. Se os distinguirmos, a democracia degenera em *oclocracia*; a aristocracia, em *oligarquia*. Acrescentarei que a realeza degenera em *tirania*, mas este termo é equívoco e exige uma explicação.

No sentido vulgar, um tirano é um rei que governa violentamente e sem respeito pela justiça e pelas leis. No sentido preciso, um tirano é um particular que se arroga a autoridade à qual não tem direito. Era assim que os Gregos entendiam o termo «tirano»: atribuíam-no indiferentemente aos bons e maus príncipes cuja autoridade era ilegítima.(28) Deste modo, *tirano* e *usurpador* são duas palavras perfeitamente sinónimas.

De forma a atribuir diferentes nomes a diferentes coisas, chamo *tirano* ao usurpador da autoridade real e *déspota* ao usurpador do poder soberano. O tirano é aquele que se insurge contra a lei para governar segundo as leis; o déspota é aquele que se põe acima das próprias leis. Assim sendo, o tirano pode não ser um déspota, mas o déspota é sempre tirano.

---

(28) «Omnes enim et habentur et dicuntur tyranni, qui potestate utuntur perpetua in ea civitate quae libertate usa est» [de facto, são considerados tiranos e designados como tal todos aqueles que detêm um poder eterno numa cidade que foi livre] (Cornelius Nepo, *Miltiades*, Cap. VIII). É verdade que Aristóteles (*Ética a Nicómaco*, Livro VIII, Cap. X) distingue o tirano do rei: o primeiro governa para seu próprio benefício, e o segundo, apenas para benefício dos seus súbditos. Todavia, além do facto de, geralmente, todos os autores gregos terem pensado o termo *tirano* num outro sentido, como parece ter sido o caso sobretudo no *Hieron* de Xenofonte, concluir-se-ia da distinção de Aristóteles que, desde o começo do mundo, nunca existira um único rei.

CAPÍTULO XI

Da morte do corpo político

É esta a tendência natural e inevitável dos governos mais bem constituídos. Se Esparta e Roma pereceram, que Estado pode esperar durar para sempre? Se quisermos formar uma instituição duradoura, não pensemos em a tornar eterna. Para o conseguir, não é preciso tentar o impossível, nem se vangloriar de dar às obras dos homens uma solidez que as coisas humanas não admitem.

O corpo político, assim como o corpo do homem, começa a morrer logo após o seu nascimento e transporta em si mesmo as causas da sua destruição. Mas um e outro podem ter uma constituição mais ou menos robusta e adequada a conservá-la um tempo mais ou menos longo. A constituição do homem é obra da natureza; a do Estado é obra da arte. Não depende dos homens prolongar a sua vida, depende deles prolongar a do Estado tanto quanto possível, dando-lhe a melhor constituição que pode ter. O mais bem constituído acabará, embora mais tarde do que outro, se nenhum imprevisto conduzir à sua ruína antes do tempo.

O princípio da vida política reside na autoridade soberana. O poder legislativo é o coração do Estado, o poder executivo é o cérebro que confere o movimento a todas as partes. O cérebro pode paralisar e o indivíduo viver ainda. Um homem é imbecil e vive; mas, logo que o coração cessa as suas funções, o animal morre.

Não é através das leis que o Estado subsiste, é através do poder legislativo. A lei de ontem não é uma obrigação de hoje, mas o consentimento tácito presume-se do silêncio, e o soberano está obrigado a confirmar incessantemente as leis que não revoga, conquanto possa fazê-lo. Tudo o que declara querer uma vez, quere-o para sempre, a menos que o revogue.

Por que razão, pois, se tem tanto respeito pelas leis antigas? É por isso mesmo. Temos de acreditar que só a excelência das vontades antigas as conservou tanto tempo. Se o soberano não as tivesse achado sempre salutares, tê-las-ia revogado mil vezes. Eis o motivo pelo qual as leis, longe de enfraquecerem, adquirem constantemente uma força nova em todo o Estado bem constituído. O preconceito da Antiguidade torna-as mais veneráveis a cada dia; em contraste, onde as leis se fragilizam ao envelhecer, tal prova que o poder legislativo já não existe e que o Estado já não tem vida.

CAPÍTULO XII

Como se mantém a autoridade soberana

Uma vez que o soberano não tem outra força além da do poder legislativo, só pode agir através das leis; e, porque as leis não são mais do que atos autênticos da vontade geral, o soberano é incapaz de agir a não ser que o povo esteja reunido. Dir-se-á: «O povo reunido? Que quimera!» É uma quimera hoje, mas não era há dois mil anos. Terá a natureza dos homens mudado?

Os limites do possível nas coisas morais são menos rígidos do que pensamos. São as nossas fraquezas, os nossos vícios, os nossos preconceitos, que os restringem. As almas vulgares não acreditam nos grandes homens; escravos vis sorriem com ar escarninho quando se fala da liberdade.

Pelo que foi feito no passado, consideremos o que se pode fazer no futuro. Não falarei das antigas repúblicas da Grécia; mas a República Romana era, julgo eu, um grande Estado, e a cidade de Roma, uma grande cidade. O último censo contava, em Roma, quatrocentos mil cidadãos que portavam armas, e o último recenseamento do império, mais de quatro milhões de cidadãos sem contar com os súbditos, os estrangeiros, as mulheres, as crianças, os escravos.

Quão difícil é imaginar reunir com frequência o povo imenso dessa capital e das suas cercanias! No entanto, poucas semanas se passavam sem que o povo romano se reunisse, e mesmo várias vezes. Exercia não somente os direitos de soberania, mas uma parte dos do governo. Resolvia certos assuntos, julgava certas causas, e todo esse povo estava na praça pública quase o mesmo número de vezes na qualidade de magistrado como de cidadão.

Ao voltar aos primeiros tempos das nações, veríamos que a maior parte dos antigos governos, inclusive monarquias como a dos Macedónios e dos Francos, tinham conselhos semelhantes. Seja como for, só este facto incontestável responde a todas as dificuldades. Do existente ao possível, a consequência parece-me lógica.

CAPÍTULO XIII

Como se mantém a autoridade soberana

(continuação)

Não basta que o povo reunido tenha fixado uma vez a constituição do Estado, sancionando um corpo de leis; não basta que tenha estabelecido um governo perpétuo, ou que tenha provido de uma vez por todas à eleição dos magistrados. Além das assembleias extraordinárias que certos casos imprevistos podem exigir, é preciso que realizem outras em datas fixas e periódicas sem possibilidade de serem anuladas ou prorrogadas, de forma que, no dia marcado, o povo seja legitimamente convocado pela lei, sem que para isso haja necessidade de uma convocatória formal.

Mas, exceto essas assembleias fixadas legalmente apenas pela data, toda a assembleia do povo que não tiver sido convocada pelos magistrados nomeados para esse efeito, e segundo formas prescritas, deve ser considerada ilegítima, e tudo o que aí se fizer, como nulo; porque a própria ordem de se reunir deve emanar da lei.

Quanto à maior ou menor frequência das assembleias legítimas, depende de tantas considerações que seria impossível estabelecer regras precisas a esse respeito. Diga-se apenas que, em geral, quanto mais força tem o governo, mais o soberano deve mostrar-se com regularidade.

Isto, dir-me-ão, pode ser bom no caso de uma só cidade; mas que fazer quando o Estado possui várias? Partilha-se a autoridade soberana? Ou devemos concentrá-la numa só cidade e submeter tudo o resto?

Respondo que não se deve fazer nem uma coisa nem outra. Em primeiro lugar, a autoridade soberana é simples e una, e não é possível dividi-la sem a destruir. Em segundo, uma cidade, não mais do que uma nação, não pode ser legitimamente submetida a outra, porque a essência do corpo político está na conciliação entre obediência e liberdade, e porque os termos «súbditos» e «soberano» são correlações idênticas cuja noção se reúne sob o termo «cidadão».

Além disso, respondo que é sempre um mal unir várias cidades numa só e que, ao pretender gerar essa união, ninguém pode vangloriar-se de ter evitado os seus inconvenientes naturais. Os grandes Estados e os seus abusos não devem servir de objeção contra aquele que só quer pequenos [Estados]; mas como dar aos pequenos Estados força suficiente para resistirem aos grandes? Como outrora as cidades gregas resistiram ao grande rei e como mais recentemente os Países Baixos e a Suíça resistiram à Casa da Áustria.

Todavia, se não é possível reduzir o Estado aos seus limites adequados, resta ainda uma solução: recusar ter uma capital, sediar o governo alternadamente em cada cidade e aí reunir, à vez, os Estados Gerais do país.

Povoai igualmente o território, disseminai por toda a parte os mesmos direitos, levai a abundância e a vida a todo o lado. É deste modo que o Estado se tornará simultaneamente o mais forte e o mais bem governado possível. Lembrai-vos de que as muralhas das cidades se formam sempre da ruína das casas de campo. Por cada palácio que vejo erguer-se na capital, vejo todo um país ser posto de rastos.

CAPÍTULO XIV

Como se mantém a autoridade soberana

(continuação)

Mal o povo é legalmente reunido em corpo soberano, toda a jurisdição do governo cessa, o poder executivo é suspenso, e a pessoa do último cidadão é tão sagrada e inviolável como a do primeiro magistrado, porque, onde se encontra o representado, já não há representante. A maior parte dos tumultos que se levantaram nos comícios em Roma ocorreu por se ter ignorado ou negligenciado essa regra. Os cônsules não eram, nessa época, mais do que os presidentes do povo, os tribunos eram simples oradores(29), e o senado nada valia.

Estas suspensões periódicas, em que o príncipe reconhece ou deve reconhecer um superior de facto, sempre foram terríveis para ele; e estas assembleias do povo, que são a égide do corpo político e o freio do governo, foram sempre o horror dos chefes. Nessa medida, nunca se pouparam a cuidados, a fazer objeções, a pôr dificuldades ou

(29) É este mais ou menos o sentido que se dá a este termo no parlamento inglês. A semelhança destas funções pôs em conflito os cônsules e os tribunos, mesmo quando toda a jurisdição tivesse sido suspensa.

a fazer promessas, para afastar delas os cidadãos. Quando estes são avaros, frouxos, pusilânimes, mais amantes do conforto do que da liberdade, não se aguentam muito tempo contra os esforços redobrados do governo. E assim, porque a força resistente aumenta sem cessar, a autoridade acaba por desaparecer, e a maior parte das cidades cai e perece antes do tempo.

Mas, entre a autoridade soberana e o governo arbitrário, introduz-se por vezes um poder intermédio que é preciso discutir.

CAPÍTULO XV

Dos deputados ou representantes

Logo que o serviço público deixa de ser o assunto principal dos cidadãos e a partir do momento em que preferem servir com a sua bolsa a fazê-lo com a sua pessoa, o Estado está já próximo da sua ruína. É preciso ir combater? Pagam às tropas e ficam em casa. É preciso ir ao conselho? Nomeiam deputados e ficam em casa. À custa de preguiça e dinheiro, acabam por conseguir ter soldados a oprimir a pátria e representantes para a vender.

É a azáfama do comércio e das artes, é o ávido interesse do lucro, é a indolência e o amor pelas comodidades que transformam os serviços pessoais em dinheiro. Cede-se uma parte dos ganhos para se estar à vontade para os aumentar. Dai dinheiro e logo estareis a ferros. A palavra «finança» é uma palavra de escravo; é desconhecida na cidade. Num Estado verdadeiramente livre, os cidadãos fazem tudo pelas próprias mãos e nada com dinheiro. Longe de pagar para se isentar dos seus deveres, pagarão para eles próprios os cumprir. Não partilho de todo em todo as ideias mais comuns; creio que as corveias(*) são menos contrárias à liberdade do que as taxas.

Quanto mais bem constituído é o Estado, maior importância é atribuída pelos cidadãos aos assuntos públicos relativamente aos assuntos privados. Dá-se inclusive uma redução nos assuntos privados, dado que, quando a soma da felicidade comum contribui com uma porção mais considerável para a felicidade de cada indivíduo, este não tem de a procurar através de esforços pessoais. Numa cidade bem organizada, todos acorrem às assembleias; num mau governo, ninguém dá um passo na sua direção, porque ninguém se interessa pelo que lá se faz, nem acredita que a vontade geral aí domine, e porque, finalmente, as preocupações domésticas absorvem tudo. As boas leis geram outras melhores, as más dão azo a piores. Assim que alguém diz dos assuntos do Estado «que me importa isso?», o Estado deve ser dado como perdido.

O amolecimento do amor pela pátria, a atividade do interesse privado, a imensidão dos Estados, as conquistas, os abusos do governo levaram à criação de deputados ou representantes do povo nas assembleias da nação. É o que, em certos países, se ousou chamar de «terceiro estado». Deste modo, o interesse particular de duas ordens é posto em primeiro e segundo lugares; o interesse público ocupa apenas o terceiro.

A soberania não pode ser representada pela mesma razão que não pode ser alienada. Ela consiste essencialmente na vontade geral, e a vontade não se representa, ou ela é a mesma ou é outra; não há meio-termo. Por conseguinte, os deputados do povo não são, nem podem ser, seus representantes; limitam-se a ser seus comissários

(*) Trabalho gratuito prestado ao senhor das terras no regime feudal.

e não podem decidir nada em definitivo. Toda a lei que o povo não ratificou pessoalmente é nula; não é uma lei. O povo inglês pensa ser livre, mas está muito enganado; é-o apenas durante a eleição dos membros do parlamento. Logo que são eleitos, torna-se escravo, torna-se nada. Nos breves momentos em que é livre, pelo uso que faz da sua liberdade bem merece perdê-la.

A ideia dos representantes é moderna: tem origem no governo feudal, nesse governo iníquo e absurdo que degrada a espécie humana e no qual o termo «homem» constituía uma desonra. Nas antigas repúblicas e mesmo nas monarquias, nunca o povo teve representantes; o termo era desconhecido. É peculiar que, em Roma, onde os tribunos eram vistos como sagrados, nunca se tenha sequer imaginado que pudessem usurpar as funções do povo, e que, no meio de uma tão grande multidão, nunca tivessem tentado fazer passar, por sua própria iniciativa, um só plebiscito. Imagine-se, porém, o embaraço que a multidão causava, por vezes, pelo que aconteceu no tempo dos Gracos, quando uma parte dos cidadãos dava o seu voto de cima dos telhados.

Onde o direito e a liberdade são tudo, os inconvenientes nada significam. Para este povo sábio, tudo tinha a sua justa medida: permitia aos seus lictores fazer o que os tribunos não teriam ousado fazer e não temia que eles o quisessem representar.

Para explicar como os tribunos o representavam em certas ocasiões, basta, porém, conceber como o governo representa o soberano. Na medida em que a lei não é mais do que a declaração da vontade geral, torna-se claro que, quanto ao poder legislativo, o povo não pode ser representado; mas pode e deve sê-lo quanto ao poder executivo, que não passa da força aplicada à lei. Isto mostra que, ao examinar bem as coisas, veríamos que muito poucas nações têm leis. Seja como for, é certo que os tribunos, que não desempenhavam nenhum papel no poder executivo, nunca tiveram o direito de representar o povo romano em virtude dos seus cargos, mas apenas quando usurpavam os do senado.

Entre os Gregos, tudo o que povo tinha de fazer fazia-o ele próprio: estava sempre reunido na praça pública. Habitavam um clima temperado, não eram ávidos, eram os escravos que trabalhavam; a sua grande preocupação era a liberdade. Sem termos agora as mesmas vantagens, como conservar os mesmos direitos? Por causa dos vossos climas mais duros, as necessidades crescem([30]), é-vos impossível frequentar a praça pública durante seis meses por ano, as vossas línguas mudas não se fazem compreender ao ar livre, entregais-vos mais ao lucro do que à vossa liberdade e tendes bem menos receio da escravatura do que da miséria.

Como!? A liberdade não se mantém senão com a ajuda da escravatura? Talvez. Os dois excessos tocam-se. Tudo o que não é natural tem os seus inconvenientes, e a sociedade civil mais do que tudo o resto. Existem situações infelizes em que só é possível conservar a liberdade à custa da de outrem e em que o cidadão não é inteiramente livre sem que o escravo não seja inteiramente escravo. É esta a situação de Esparta. Para vós, povos modernos, vós não tendes escravos, mas sois escravos; pagais a sua liberdade com a vossa. Bem que vos podeis vangloriar com essa escolha; vejo nela mais cobardia do que humanidade.

([30]) Adotar o luxo e a indolência dos Orientais nos países frios é desejar para si as suas correntes; é submeter-se a elas ainda mais necessariamente do que eles.

Não quero com isto dizer que os escravos são necessários ou que o direito de escravatura seja legítimo, dado que já provei o contrário. Denuncio simplesmente as razões pelas quais os povos modernos que creem ser livres têm representantes e os povos antigos não. Diga-se o que se disser, assim que um povo dá a si próprio representantes, já não é livre; cessa de existir.

Depois de tudo bem considerado, não vejo que seja doravante possível ao soberano conservar entre nós o exercício dos seus direitos, se a cidade não for pequena. Mas, se for muito pequena, não será subjugada? Não. Mostrarei adiante([31]) como se pode combinar o poder exterior de um grande povo com a boa organização política e ordem de um pequeno Estado.

([31]) Isto era aquilo que me propunha fazer na sequência desta obra, quando, ao tratar das relações externas, chegasse às confederações. Matéria completamente nova e em que os princípios estão ainda por estabelecer.

CAPÍTULO XVI

Que a instituição do governo não é um contrato

Uma vez devidamente estabelecido o poder legislativo, trata-se agora de estabelecer igualmente o poder executivo; porque este, que opera apenas por meio de atos particulares, não partilhando a mesma essência do outro, está naturalmente separado dele. Se fosse possível ao soberano, considerado como tal, deter o poder executivo, o direito e o facto confundir-se-iam de tal modo que seria impossível saber o que é a lei e o que não é, e o corpo político assim desnaturado acabaria muito rapidamente por ser vítima da violência contra a qual foi instituído.

Como todos os cidadãos são iguais através do contrato social, todos podem prescrever o que todos devem fazer, ao passo que ninguém tem o direito de exigir que um outro faça o que ele próprio não faz. Ora, é exatamente este direito, indispensável para dar vida e movimento ao corpo político, que o soberano confere ao príncipe ao instituir o governo.

Muitos sustentaram que o ato deste estabelecimento era um contrato entre o povo e os chefes que são nomeados por ele, contrato pelo qual se estipulava entre as duas partes as condições sob as quais um ficava obrigado a comandar e o outro, a obedecer. Não há dúvida, estou certo disso, de que esta é uma maneira estranha de estabelecer um contrato. Mas vejamos se esta opinião é defensável.

Em primeiro lugar, a autoridade suprema não pode ser modificada nem se alienar; limitá-la é destruí-la. É absurdo e contraditório que o soberano atribua a si mesmo um superior; obrigar-se a obedecer a um senhor é regressar a uma condição de plena liberdade.

Além disso, é evidente que este contrato do povo com estas ou aquelas pessoas seria um ato particular. Donde se conclui que este contrato não poderia ser uma lei nem um ato de soberania e que, por conseguinte, seria ilegítimo.

Observa-se ainda que as partes contratantes estariam, entre si, unicamente sob a lei da natureza e sem garantia alguma quanto aos seus compromissos mútuos, o que repugna o estado civil em todos os aspetos. Como aquele que detém a força é sempre senhor da execução, também poderia dar-se o nome de contrato ao ato de um homem dizer a outro: «Dou-vos tudo o que tenho, na condição de me devolverdes o que vos aprazer.»

No Estado, existe apenas um contrato, o da associação; e, por si mesmo, este exclui todos os outros. É impossível imaginar um contrato público que constitua uma violação do primeiro.

CAPÍTULO XVII

Da instituição do governo

Como, pois, devemos nós conceber o ato pelo qual o governo é instituído? Direi, antes de mais, que este ato é complexo ou composto de dois outros, a saber: o estabelecimento da lei e a execução da lei.

Quanto ao primeiro, o soberano estipula que haverá um corpo de governo estabelecido sob esta ou aquela forma; e fica claro que este ato é uma lei.

Quanto ao segundo, o povo nomeia os chefes que ficarão encarregados do governo estabelecido. Ora, esta nomeação, sendo um ato particular, não configura uma segunda lei, mas apenas uma consequência da primeira e uma função do governo.

A dificuldade está em compreender como se pode realizar um ato de governo antes de o governo existir, e como o povo, que não é senão soberano ou súbdito, pode vir a ser príncipe ou magistrado em determinadas circunstâncias.

É ainda nesta ocorrência que se descobre uma dessas espantosas propriedades do corpo político, através das quais concilia operações aparentemente contraditórias.

Na verdade, o que se produz neste caso é uma conversão súbita da soberania em democracia, de maneira que, na ausência de alteração visível e apenas mediante uma nova relação de todos com todos, os cidadãos agora magistrados passam dos atos gerais aos atos particulares e da lei à execução.

Esta alteração de relação não representa uma subtileza da especulação sem exemplo na prática; manifesta-se todos os dias no parlamento inglês, onde há certas ocasiões em que a câmara baixa se transforma em grande comité para melhor discutir os assuntos, tornando-se assim, de corte soberana que era no instante anterior, uma simples comissão; e isto de tal modo que reporta a si mesmo, como Câmara dos Comuns, acerca do que acabou de regular enquanto grande comité, decidindo novamente sob um título o que já resolvera sob outro.

É, pois, uma vantagem específica do governo democrático a possibilidade de ser estabelecido de facto através de um simples ato da vontade geral. Após o qual este governo provisório se mantém em funções, se for essa a forma adotada, ou estabelece em nome do soberano o governo prescrito pela lei; e assim tudo se processa como deve ser. Não há outra maneira legítima de instituir o governo, sem renunciar aos princípios acima enunciados.

CAPÍTULO XVIII

Meio de prevenir as usurpações do governo

Destas clarificações resulta, como confirmação do Capítulo XVI, que o ato que institui o governo não é um contrato, mas uma lei; que os depositários do poder executivo não são os senhores do povo, mas os seus oficiais; que ele pode nomear e destituir quando lhe aprouver; que para eles não se trata de contratar, mas de obedecer; e que, ao assumirem a responsabilidade das funções que o Estado lhes impõe, nada mais fazem do que cumprir o seu dever de cidadãos, sem de nenhum modo terem o direito de discordar das condições.

Assim sendo, quando o povo institui um governo hereditário, seja monárquico sob uma família, seja aristocrático sob uma classe de cidadãos, não assume de todo um compromisso; trata-se de uma forma provisória que dá à administração, até que lhe apraza dar-lhe uma diferente.

É verdade que estas alterações são sempre perigosas e que não se deve mexer no governo estabelecido senão quando este se torna incompatível com o bem público; mas esta prudência é uma máxima da política e não uma regra do direito, e o Estado não está mais obrigado a entregar a autoridade civil aos seus chefes do que a autoridade militar aos seus generais.

É também verdade que, em tais casos, todo o cuidado é pouco quando se observam as formalidades requeridas para distinguir um ato regular e legítimo de um tumulto sedicioso, e a vontade de todo um povo dos clamores de uma fação. É sobretudo nesta circunstância que é preciso dar ao caso odioso o que não se lhe pode recusar pela lei tomada no seu sentido mais rigoroso; mas é igualmente dessa obrigação que o príncipe extrai uma grande vantagem para a conservação do seu poder apesar do povo, sem que se possa afirmar que o tenha usurpado. Na verdade, dando a aparência de não usar senão os seus direitos, é-lhe muito fácil estendê-los e impedir sob o pretexto da paz pública as assembleias destinadas a restabelecerem a ordem; de forma que se aproveita de um silêncio que ele impede que se rompa, ou de irregularidades que instigou, para ganhar o consentimento daqueles que mandou calar por medo e para punir aqueles que ousam falar. Foi assim que os decênviros, eleitos inicialmente por um ano, se mantiveram depois por mais um ano, tentando manter perpetuamente o seu poder ao proibir a reunião dos comícios; e é por este meio simples que todos os governos do mundo, uma vez revestidos da força pública, usurpam mais cedo ou mais tarde a autoridade soberana.

As assembleias periódicas de que já falei acima são adequadas para prevenir ou adiar esta infelicidade, sobretudo quando não é necessário uma convocatória formal; pois, nesse caso, o príncipe não teria como as impedir sem se declarar abertamente infrator das leis e inimigo do Estado.

A abertura destas assembleias, que não têm por objetivo mais do que a manutenção do tratado social, deve sempre fazer-se mediante duas proposições que nunca se podem suprimir e que são objeto de sufrágio separadamente.

A primeira: «Se agrada ao soberano conservar a presente forma de governo.»

A segunda: «Se agrada ao povo deixar a administração aos que estão dela atualmente encarregados.»

Pressuponho aqui o que julgo ter demonstrado, a saber, que não existe no Estado nenhuma lei fundamental que não possa ser revogada, nem mesmo o pacto social; pois, se todos os cidadãos se reunissem para romper esse pacto de comum acordo, não restaria dúvida alguma de que fora muito legitimamente rompido. Grócio pensa até que todos podem renunciar ao Estado do qual são membros e recuperar a sua liberdade natural e os seus bens ao retirarem-se do país.([32]) Ora, seria absurdo que todos os cidadãos reunidos não pudessem o que pode separadamente cada um deles.

([32]) Entenda-se, claro está, que não o deixamos para nos eximirmos ao nosso dever e nos dispensarmos de servir a pátria no momento em que ela precisa de nós. Nesse caso, a fuga seria criminosa e punível; já não seria um retiro, mas uma deserção.

LIVRO IV

CAPÍTULO I

Que a vontade geral é indestrutível

Enquanto muitos homens reunidos se considerarem como um só corpo, não terão senão uma só vontade, direcionada para a conservação comum e o bem-estar geral. Nessa circunstância, todos os recursos do Estado são fortes e simples, os seus princípios, claros e luminosos; não haverá interesses cruzados, contraditórios, o bem comum mostra-se por todo o lado com evidência, sem exigir nada além de bom senso para ser percebido. A paz, a união, a igualdade são inimigas das subtilezas políticas. Os homens retos e simples dificilmente se deixam enganar em virtude da sua simplicidade; as manhas, os pretextos refinados não levam a melhor; não são sequer sofisticados o suficiente para ser ludibriados. Quando se vê, no mais afortunado povo do mundo(*), grupos de camponeses resolverem os assuntos do Estado debaixo de um carvalho e comportarem-se sempre de forma sábia, podemos nós evitar desprezar os refinamentos das outras nações, que

---

(*) É geralmente assumido que Rousseau faz aqui referência aos cantões suíços.

se tornam ilustres e miseráveis com tantos artifícios e mistérios?

Um Estado que é governado desta maneira carece de muito poucas leis, e, consoante se torna necessário promulgar outras novas, essa necessidade é universalmente compreendida. O primeiro que as propõe limita-se a afirmar o que todos já sentiram e a transpor em lei o que todos já resolveram fazer. Não precisa de recorrer a intrigas ou a eloquência, logo que esteja seguro de que os outros farão como ele.

O que engana os teóricos é não verem senão Estados mal constituídos desde o início e julgarem impossível estabelecer neles semelhante organização política. Riem-se ao imaginar todas as tolices que um trapaceiro hábil, um orador capcioso poderiam inculcar no povo de Paris ou de Londres. Ignoram que Cromwell teria sido mandado para a prisão pelo povo de Berna e o duque de Beaufort açoitado pelos Genoveses.

Mas, quando o laço social começa a afrouxar e o Estado a enfraquecer, quando os interesses particulares começam a fazer-se sentir e as pequenas sociedades a influenciar a grande, o interesse comum altera-se e depara-se com opositores; a unanimidade já não reina nos votos, a vontade geral já não é mais a vontade de todos, aparecem as contradições, os debates e a melhor opinião não passa sem desacordos.

Enfim, quando o Estado, próximo da sua ruína, já não subsiste senão numa forma ilusória e sem valor, quando o mais vil interesse se arroga vergonhosamente do sagrado nome do bem público, nesse momento, a vontade geral emudece; guiados por motivos secretos, já não opinam enquanto cidadãos como se o Estado nunca tivesse existido; e fazem passar falsamente por leis decretos iníquos cujo único objetivo é o interesse particular.

Conclui-se então que a vontade geral esteja aniquilada ou corrompida? Não. Ela é sempre constante, inalterável, pura; mas subordina-se a outras que a suplantam. Cada um, quando separa o seu interesse do interesse comum, vê claramente que não pode separá-lo por completo, mas a sua parte de mal feito ao bem público parece-lhe insignificante, quando comparada com o benefício exclusivo de que pretende apropriar-se. Com exceção deste benefício, ele deseja o bem geral, pelo seu próprio interesse, tão intensamente como qualquer outro. Ainda que venda o seu voto por dinheiro, não extingue em si próprio a vontade geral, mas ilude-a. A falta que comete consiste em subverter a questão e responder a algo que não lhe foi perguntado; de modo que, em lugar de afirmar, através do seu voto, «é vantajoso ao Estado», afirma «é vantajoso a tal homem ou a tal partido que esta ou aquela opinião seja aprovada». Assim, a lei da ordem pública nas assembleias não tem tanto a função de preservar a vontade geral, quanto a de fazer com que seja sempre consultada e responda sempre.

Sobre este ponto, teria algumas reflexões a fazer acerca do simples direito de votar em todo o ato de soberania — direito que de modo algum pode ser retirado aos cidadãos — e sobre o [direito] de opinar, de propor, de distinguir, de discutir, que o governo tem sempre o grande cuidado de deixar somente aos seus membros. Mas esta importante matéria exigiria um tratado à parte, e não posso dizer tudo neste.

CAPÍTULO II

Dos sufrágios

O capítulo anterior mostra-nos que a maneira como se trata as questões de âmbito geral pode oferecer um indicador bastante seguro do estado atual dos costumes e da saúde do corpo político. Quanto mais reina o consenso nas assembleias, isto é, quanto mais as opiniões se aproximam da unanimidade, mais a vontade geral é dominante. Mas os longos debates, as dissensões, o tumulto anunciam o ascendente dos interesses particulares e o declínio do Estado.

Este argumento parece menos evidente quando duas ou mais ordens entram na sua constituição, como os patrícios e os plebeus em Roma, cujas querelas perturbaram amiúde os comícios, inclusive nos tempos áureos da república. Mas esta exceção é mais aparente do que real. Com efeito, nesse período, graças ao vício inerente ao corpo político, tivemos, por assim dizer, dois Estados em um. O que não é verdade para os dois em conjunto é verdade para cada um separadamente. E, de facto, mesmo nos tempos mais turbulentos, os plebiscitos do povo, quando o senado não se imiscuía neles, passavam sempre tranquilamente e com grandes maiorias: sempre que os cidadãos tinham um único interesse, o povo tinha apenas uma vontade.

A unanimidade regressa no outro extremo, quando os cidadãos caídos na servidão já não têm liberdade nem vontade. Nessa circunstância, o medo e a lisonja transformam os sufrágios em aclamações; já não se delibera, adora-se ou maldiz-se. Era esta a maneira vil de opinar do senado no tempo dos imperadores. Por vezes, fazia-se isso com precauções ridículas. Tácito observa que, sob o domínio de Otão, os senadores, enquanto lançavam imprecações a Vitélio, faziam ao mesmo tempo muito ruído para que, se por acaso ele chegasse ao poder, não fosse possível saber o que cada um deles tinha dito.

Destas considerações, nascem os princípios sobre os quais se deve regular o modo de contar os votos e de confrontar as opiniões, conforme a vontade geral é mais ou menos fácil de conhecer e o Estado está mais ou menos em declínio.

Existe apenas uma lei que, pela sua natureza, exige um consenso unânime: o pacto social. Com efeito, a associação civil é o mais voluntário ato do mundo. A todo o homem que nasce livre e é senhor de si mesmo, ninguém pode, sob nenhum pretexto, submetê-lo sem o seu consentimento. Decidir que o filho de um escravo nasça escravo é decidir que não nasce homem.

Por conseguinte, se surgirem opositores aquando do estabelecimento do pacto social, a sua oposição não invalida o contrato, impede unicamente que lhes seja aplicado; são estrangeiros entre os cidadãos. Quando o Estado é instituído, o consentimento funda-se na residência; habitar o território é submeter-se à soberania.([33])

([33]) Deve entender-se sempre esta ideia com referência a um Estado livre; pois a família, os bens, a carência de asilo, a necessidade,

Excetuando este contrato primitivo, o voto da maioria obriga sempre todos os outros; é uma consequência do próprio contrato. Mas a questão é saber como pode um homem ser livre e forçado a conformar-se a vontades que não são as suas. Como podem os opositores ser livres e sujeitos a leis às quais não deram o seu consentimento?

Respondo que a questão está mal elaborada. O cidadão dá o seu consentimento a todas as leis, mesmo às que se aprovam contra a sua vontade e mesmo às que o punem quando ousa violar uma delas. A vontade constante de todos os membros do Estado é a vontade geral: é graças a ela que são cidadãos e livres.(34) Em rigor, quando se propõe uma lei na assembleia do povo, o que lhes é perguntado não é se aprovam a proposta ou se a rejeitam, mas se ela está em conformidade ou não com a vontade geral que é a sua. Cada um, com o seu voto, afirma o que pensa sobre o assunto, e do cálculo dos votos extrai-se a declaração da vontade geral. Portanto, quando a opinião contrária à minha prevalece, isso nada mais prova senão que me enganei e que aquilo que supunha ser a vontade geral não o era. Se a minha opinião pessoal tivesse prevalecido, teria feito uma coisa diferente daquela que teria desejado; e, nesse caso, não teria sido livre.

Este argumento pressupõe, é verdade, que todas as particularidades da vontade geral estão igualmente presentes

---

a violência podem reter um habitante num país contra a sua vontade; e, assim, a sua estada já não implica, por si só, o seu consentimento ao contrato ou a sua violação.

(34) Em Génova, lê-se a palavra «libertas» à entrada das prisões e nas grilhetas dos condenados às galés. Este uso da divisa é belo e justo. De facto, apenas os malfeitores, de todos os estratos sociais, impedem o cidadão de ser livre. Num país em que todos estes indivíduos fossem parar às galeras, gozar-se-ia da mais perfeita liberdade.

nas decisões maioritárias; quando já não estiverem aí presentes, independentemente do partido que se adote, já não há liberdade.

Ao mostrar anteriormente como se substituíam as vontades particulares pela vontade geral nas deliberações públicas, indiquei suficientemente os meios práticos para evitar esse abuso; voltarei ao assunto adiante. Em relação ao número proporcional de votos para declarar essa vontade, também já explicitei os princípios pelos quais pode ser determinado. A diferença de um só voto rompe a igualdade; um só opositor rompe a unanimidade. Mas, entre a unanimidade e a igualdade, existem muitos graus de desigualdade, sendo possível fixar a proporção de uma e outra segundo o estado e as necessidades do corpo político.

Duas máximas gerais podem servir para determinar essas relações: uma diz que, quanto mais as deliberações são importantes e sérias, mais a opinião que prevalece deve aproximar-se da unanimidade; a outra, que, quanto mais urgente é o assunto discutido, mais pequena deve ser a maioria requerida; nas deliberações que é preciso decidir no imediato, um voto a mais deve bastar. A primeira destas máximas parece mais adequada às leis, e a segunda, aos assuntos a tratar. Seja como for, é pela sua combinação que se estabelecem as melhores proporções para que a maioria possa pronunciar-se.

CAPÍTULO III

Das eleições

Em relação às eleições do príncipe e dos magistrados, que são, já o disse, atos complexos, há duas formas de proceder: a escolha e o sorteio. Uma e outra foram empregadas em diversas repúblicas, e ainda hoje se vê uma mistura muito complicada das duas na eleição do doge de Veneza.

«O sufrágio por sorteio», diz Montesquieu(*), «é natural à democracia.» Admito que sim, mas como?

«O sorteio», continua, «é uma forma de eleger que não ofende ninguém. Deixa a cada cidadão uma esperança razoável de servir a pátria.» Isto não são razões.

Se atentarmos ao facto de a eleição dos chefes ser uma função do governo e não da soberania, ver-se-á o motivo pelo qual o sorteio é mais natural à democracia, em que a administração é tanto melhor quanto menos frequentes são os atos nela.

Em toda a verdadeira democracia, a magistratura não é um benefício, mas um cargo oneroso que não se pode

(*) *Do Espírito das Leis*, II, Cap. II.

impor justamente mais a um particular do que a outro. Só a lei pode impor esse cargo àquele sobre o qual a sorte recair. Pois então, estando todos em igualdade de condição e não dependendo a escolha de nenhuma vontade humana, não intervém nenhum uso particular que altere a universalidade da lei.

Numa aristocracia, o príncipe escolhe o príncipe, o governo conserva-se por si mesmo, e neste caso os sufrágios são apropriados.

O exemplo da eleição do doge de Veneza, longe de destruir esta distinção, confirma-a: esta forma composta convém a um governo misto. Na verdade, é um erro considerar o governo de Veneza uma verdadeira democracia. Embora o povo não desempenhe papel algum no governo, a nobreza é nele o próprio povo. Nunca uma multidão de pobres de São Barnabé(*) se aproximou de uma magistratura, nem recebeu da sua nobreza senão o inútil título de «Sua Excelência» e o direito de assistir ao grande conselho. Ainda que este grande conselho seja tão numeroso quanto o nosso conselho geral em Genebra, os seus membros ilustres não têm mais privilégios do que os nossos simples cidadãos. É certo que, apesar da extrema disparidade entre as duas repúblicas, a burguesia de Genebra representa exatamente o praticiado veneziano; os nossos nativos e habitantes representam os citadinos e o povo de Veneza; os nossos camponeses representam os súbditos de terra firme(**). Por último, seja qual for

(*) Referência à paróquia de São Barnabé, em Veneza, conhecida pela sua pobreza.

(**) Tradução literal de «sujets de terre ferme». Estes não tinham direitos na cidade de Veneza, assim como os que vivam fora de Genebra, ao contrário dos «cidadãos», que adquiriam o título por terem nascido dentro das muralhas da cidade.

a maneira como consideramos essa república, exceção feita à sua grandeza, o seu governo não é mais aristocrático do que o nosso. A única diferença é que, não tendo nós nenhum chefe para a vida toda, não temos a mesma necessidade do sorteio.

As eleições através de sorteio teriam poucos inconvenientes numa verdadeira democracia em que tudo é igual, não só os costumes e talentos, como as máximas políticas e a fortuna, acabando a escolha por ser quase indiferente. Mas já aleguei que não existe nada que se pareça a uma verdadeira democracia.

Quando a escolha e o sorteio se combinam, a primeira deve preencher os lugares que requerem talentos pessoais, como os cargos militares; o outro adequa-se àqueles em que basta bom senso, justiça, integridade, como os cargos judiciais; porque num Estado bem constituído essas qualidades são comuns a todos os cidadãos.

Num governo monárquico, nem o sorteio nem os sufrágios acontecem. No caso do monarca, sendo por direito o único príncipe e magistrado, a escolha dos seus representantes é da sua exclusiva responsabilidade. Quando o abade Saint-Pierre se propunha multiplicar os conselhos do rei de França e eleger os seus membros por escrutínio, não via que aquilo que propunha mudaria a forma do governo.

Resta-me falar da maneira de dar e recolher os votos na assembleia do povo; não obstante, a este respeito, talvez a história da organização política romana explique mais vivamente todos os princípios que eu poderia estabelecer. Não é indigno de um leitor judicioso ver um pouco em detalhe como se tratavam os assuntos públicos e particulares num conselho de duzentos mil homens.

CAPÍTULO IV

Dos comícios romanos

Carecemos de testemunhos evidentes dos primeiros tempos de Roma; parece mesmo que a maior parte das coisas que se contam a seu respeito são fábulas ([35]); e, em regra, a parte mais instrutiva dos anais dos povos, que é a história da sua fundação, é aquela de que mais temos falta. A experiência ensina-nos todos os dias quais as causas que estão na origem das revoluções dos impérios. Mas, como já não se fundam povos, não temos mais do que conjeturas para explicar como se formam.

Os costumes que encontramos estabelecidos atestam, pelo menos, que esses costumes tiveram uma origem. Das tradições que remontam a essas origens, as que são validadas pelas maiores autoridades e confirmadas pelas razões mais sólidas são as mais fidedignas. São estes os princípios que procurei seguir ao investigar como o povo mais livre e poderoso à face da Terra exercia o seu poder supremo.

([35]) O nome *Roma,* que se julga derivar de *Rómulo,* é grego e significa «força»; o nome *Numa* é igualmente grego e significa «lei». Será coincidência que os dois primeiros reis desta cidade tenham usado de antemão nomes tão apropriados aos feitos que realizariam?

Após a fundação de Roma, a república nascente, isto é, o exército do fundador, composto de albanos, sabinos e estrangeiros, foi dividida em três classes que, a partir desta divisão, foram designadas *tribos*. Cada uma dessas tribos foi subdividida em dez cúrias, e cada cúria, em decúrias, à cabeça das quais se posicionaram chefes que chamados *curiões* ou *decuriões*.

Além disso, retirou-se de cada tribo um corpo de cem cavaleiros, a *centúria*, de onde se percebe que essas divisões, pouco necessárias num burgo, eram de início apenas militares. Porém, um instinto de grandeza, ao que parece, levou a pequena cidade de Roma a dar antecipadamente a si mesma uma organização política adequada à capital do mundo.

Um inconveniente resultou de imediato desta primeira divisão: a tribo dos albanos(36) e a dos sabinos(37) permaneceram sempre do mesmo tamanho, ao passo que a dos estrangeiros(38) crescia continuamente, em virtude da chegada constante destes, levando-a a superar em pouco tempo as outras duas. A solução que Sérvio encontrou para este perigoso excesso consistiu em alterar a divisão, substituindo o critério das raças, que aboliu, por outro que se baseava nos lugares da cidade ocupados por cada tribo. Em vez de três tribos, criou quatro, com cada uma a ocupar uma das colinas de Roma, que lhes deram o nome. Desta forma, remediando a desigualdade presente, impediu ainda que esta se verificasse no futuro; e, para que esta divisão não se centrasse apenas nos lugares, mas em homens, proibiu que os habitantes de uma zona

---

(36) Ramnenses.

(37) Ticienses.

(38) Lúceres.

passassem para outra; o que impediu as raças de se misturarem.

Duplicou ainda as três antigas centúrias de cavalaria e acrescentou outras doze, mas sempre mantendo os antigos nomes; meio simples e sensato, através do qual conseguiu distinguir entre o corpo dos cavaleiros e o do povo, sem gerar protestos no seio deste último.

A estas quatro tribos urbanas, Sérvio juntou quinze outras designadas tribos rústicas, visto serem formadas por habitantes do campo, divididas por outros tantos cantões. Em seguida, criou um igual número de tribos novas, e o povo romano viu-se finalmente dividido em trinta e cinco tribos, número que permaneceu inalterado até ao fim da república.

Esta distinção entre as tribos da cidade e as do campo produziu um efeito digno de ser observado, por ser um exemplo único, e porque Roma lhe deve, ao mesmo tempo, a conservação dos seus costumes e a expansão do seu império. Cairíamos na tentação de pensar que as tribos urbanas monopolizariam de imediato o poder e as honrarias e não tardariam a rebaixar as tribos rústicas; foi exatamente o contrário o que sucedeu. É conhecido o gosto dos primeiros romanos pela vida campestre. Este gosto vinha-lhes do sábio fundador que associou os trabalhos rústicos e militares à liberdade, relegando, por assim dizer, as artes, os ofícios, a intriga, a fortuna e a escravatura para a cidade.

Deste modo, como tudo o que Roma possuía de ilustre vivia nos campos e cultivava as terras, ganhou-se o costume de não procurar noutro lado o suporte da república. Esta condição, por ser a dos mais dignos patrícios, foi honrada por toda a gente; preferiu-se a vida simples e laboriosa dos aldeãos à vida ociosa e indolente dos burgueses de Roma, e um homem que não teria passado de um proletário miserável na cidade torna-se um cidadão respeitável através do trabalho nos campos. Não é sem razão, diz Varrão, que os nossos magnânimos antepassados estabeleceram no vilarejo o viveiro desses robustos e valentes homens que os defendiam em tempos de guerra e os alimentavam em tempos de paz. Plínio diz explicitamente que a honra das tribos dos campos provinha dos homens que neles habitavam; por outro lado, aqueles que se pretendia desonrar eram ignominiosamente enviados para as tribos da cidade. Quando o sabino Ápio Cláudio se estabeleceu em Roma, foi aí coberto de honras e inscrito numa tribo rústica que tomou mais tarde o nome da sua família. Por fim, os libertos entravam todos nas tribos urbanas e nunca nas rurais; e ao longo de toda a república não há um único exemplo de um desses libertos ter alcançado a magistratura, conquanto se tenha tornado cidadão.

Este princípio era excelente, mas foi levado longe demais, o que acabou por resultar numa alteração da organização política e certamente para pior.

Em primeiro lugar, os censores, após se terem arrogado durante muito tempo o direito de transferir arbitrariamente os cidadãos de uma tribo para outra, permitiram à maior parte inscrever-se naquela que desejassem; permissão que seguramente não era benéfica para ninguém, retirando à censura uma das suas maiores prerrogativas. Ademais, porque os grandes e poderosos se inscreviam todos nas tribos do campo, e os libertos agora cidadãos ficavam com a populaça nas da cidade, as tribos já não eram, em geral, associadas a um lugar ou território específico; mas estavam todas tão misturadas que se tornara impossível distinguir os membros de cada uma a não ser pelos registos, de modo que a noção de tribo passou assim do real ao pessoal, ou, antes, tornou-se uma quimera.

Sucedeu também que as tribos da cidade, estando mais próximas, se viram muitas vezes em superioridade nos comícios e venderam o Estado a quem se dignasse comprar os votos da ralé que as compunha.

No caso das cúrias, tendo o fundador criado dez em cada tribo, toda a população romana que habitava dentro das muralhas da cidade era composta por trinta, cada uma com os seus templos, os seus deuses, os seus oficiais, os seus sacerdotes e festas chamadas *compitalia*, semelhantes às *paganalia* celebradas mais tarde pelas tribos rústicas.

Quando Sérvio procurou fazer uma nova divisão, ao verificar que estas trinta não se podiam repartir equitativamente pelas suas quatro tribos, deixou-as como estavam, e assim as cúrias independentes das tribos tornaram-se uma nova forma de dividir os habitantes de Roma. Porém, as cúrias não tinham relevância nem para as tribos rústicas nem para o povo que as compunha, porque, sendo agora uma instituição puramente civil e tendo sido uma outra organização política introduzida para o recrutamento de tropas, as divisões militares de Rómulo se mostraram supérfluas. Assim, embora todo o cidadão estivesse inscrito numa tribo, estava-se ainda longe de todos estarem inscritos numa cúria.

Sérvio estipulou ainda uma terceira divisão, que não tinha relação alguma com as duas anteriores e que se tornou, pelos seus efeitos, a mais importante de todas. Distribuiu todo o povo romano em seis classes, que não distinguiu pelo lugar nem pelos homens, mas pelos bens. De maneira que as primeiras classes eram preenchidas pelos ricos, as últimas, pelos pobres, e as intermédias, por aqueles que gozavam de uma fortuna modesta. Estas seis classes eram subdivididas em cento e noventa e três outros corpos, chamados centúrias; e estes corpos estavam de tal modo distribuídos que só a primeira classe compreendia mais de metade e a última era formada apenas por um. Verificou-se assim que a classe menos numerosa em homens era a mais numerosa em centúrias e que a última classe continha unicamente uma subdivisão, apesar de conter sozinha mais de metade dos habitantes de Roma.

Para que o povo de Roma não se apercebesse tanto das consequências deste último arranjo, Sérvio procurou uma maneira de lhe dar um aspeto militar: inseriu duas centúrias de armeiros na segunda classe e duas máquinas de guerra na quarta. Em cada classe, exceto na última, distinguiu os jovens dos velhos, isto é, aqueles que eram obrigados a portar armas e aqueles que, pela sua idade, estavam isentos disso; uma distinção que, mais do que a dos bens, levou à necessidade frequente de realizar o censo ou o recenseamento. Por último, decidiu que a assembleia se daria no Campo de Marte e que todos aqueles que tinham idade para servir aí compareceriam com as suas armas.

A razão pela qual não se seguiu, na última classe, essa mesma divisão entre jovens e velhos prendeu-se com o facto de não se permitir à populaça que a compunha a honra de portar armas pela pátria, pois era necessário possuir um lar para ganhar o direito de o defender. E, dessas inúmeras hordas de miseráveis que hoje abrilhantam os exércitos dos reis, talvez não houvesse um que não fosse expulso com desdém de uma coorte romana, quando os soldados eram os defensores da liberdade.

Na última classe, distinguiu-se, contudo, os *proletários* daqueles a que se chamava *capite censi*. Os primeiros, não totalmente reduzidos a nada, ainda davam cidadãos ao

Estado, por vezes até soldados, quando a necessidade era maior. Em relação àqueles que não tinham nada e que eram recenseados apenas pelas suas cabeças, esses, na verdade, eram considerados como inexistentes, e Mário foi o primeiro que se dignou recrutá-los.

Sem decidir aqui se este terceiro recenseamento era bom ou mau em si mesmo, creio poder afirmar que só foi possível devido aos costumes simples dos primeiros romanos, ao seu desinteresse, ao seu gosto pela agricultura, ao seu desprezo pelo comércio e pela paixão do lucro. Onde está o povo moderno no qual a avidez devoradora, o espírito inquieto, a intriga, as deslocações contínuas, as perpétuas evoluções das fortunas levem uma tal instituição a durar vinte anos sem abalar o Estado? Note-se ainda que, em Roma, os costumes e a censura, mais fortes do que esta instituição(*), lhe corrigiram os vícios e que um rico se via relegado para a classe dos pobres por ter ostentado em demasia a sua riqueza.

Por tudo isto se compreende facilmente o motivo pelo qual raramente se falou de mais do que cinco classes, quando, na realidade, existiam seis. A sexta, por não fornecer soldados ao exército nem votantes ao Campo de Marte([39]) e porque a sua utilidade na república era quase nula, raramente era levada em conta.

Estas eram as diferentes divisões do povo romano. Vejamos agora o efeito que produziam nas assembleias. Estas assembleias legitimamente convocadas chamavam-se *comícios*. Realizavam-se habitualmente na praça de Roma

---

(*) Ou seja, a disposição por classes.

([39]) Digo no *Campo de Marte*, porque era lá que se realizavam os comícios por centúrias. Nas duas outras formas, o povo reunia-se no Fórum ou noutro lado; e, neste caso, os *capite censi* tinham tanta influência e autoridade quanto os primeiros cidadãos.

ou no Campo de Marte e distinguiam-se em comícios por cúrias, comícios por centúrias e comícios por tribos, ordenadas de acordo com aquela das três formas que lhes servia de base: os comícios por cúrias haviam sido instituídos por Rómulo; Sérvio instituiu os por centúrias; os tribunos do povo, os por tribos. Nenhuma lei recebia sanção, nem um magistrado era eleito fora dos comícios; e, como não havia um cidadão que não estivesse inscrito numa cúria, numa centúria ou numa tribo, conclui-se que nenhum cidadão era privado do direito de voto e que o povo romano era verdadeiramente soberano de direito e de facto.

Para que os comícios fossem legitimamente convocados e para que o que aí se decidisse tivesse força de lei, três condições eram necessárias: a primeira, que o corpo ou o magistrado que os convocasse estivesse revestido para isso da autoridade necessária; a segunda, que a assembleia se realizasse num dos dias permitidos pela lei; a terceira, que os augúrios fossem favoráveis.

A razão da primeira disposição não carece de explicação. A segunda é uma questão de organização política: não era permitido realizarem-se comícios nos dias de repouso e de mercado, quando as gentes do campo iam a Roma para resolver os seus assuntos e não tinham tempo para passar o dia na praça pública. Mediante a terceira disposição, o senado mantinha um povo orgulhoso e rebelde sob controlo apertado e temperava adequadamente o ardor dos tribunos sediciosos; mas estes encontravam mais do que uma maneira de se libertar deste incómodo.

As leis e a eleição dos chefes não eram os únicos pontos submetidos ao julgamento dos comícios. Quando o povo romano usurpou as mais importantes funções do governo, pode dizer-se que o destino da Europa estava traçado nessas assembleias. Esta variedade de propósito dava lugar às diversas formas que tomavam as assembleias de acordo com as matérias sobre as quais tinha de se pronunciar.

Para julgar estas diversas formas, basta-nos compará-las. Rómulo, ao instituir as cúrias, tinha em vista conter o senado através do povo e o povo através do senado, dominando deste modo sobre todos. Deu então ao povo, por este meio, toda a autoridade do número para a equilibrar com a do poder e das riquezas, que permitia aos patrícios. Porém, segundo o espírito da monarquia, permitiu, não obstante, mais benefícios aos patrícios pela influência dos seus clientes sobre a maioria dos sufrágios. Esta admirável instituição dos patronos e dos clientes constituiu uma obra-prima de política e humanidade sem a qual o patriciado, tão contrário ao espírito da república, não teria podido subsistir. A Roma deve-se a honra de oferecer ao mundo este belo exemplo, do qual nunca resultou abuso algum e que, no entanto, nunca foi seguido.

Como esta mesma forma das cúrias subsistiu sob o domínio dos reis até Sérvio e porque o reinado do último Tarquínio não foi considerado legítimo, as leis reais passaram a ser designadas, em geral, *leges curiatae.*

Sob o domínio da república, as cúrias, sempre limitadas às quatro tribos urbanas e não contendo mais do que a populaça de Roma, não podiam convir nem ao senado, que liderava os patrícios, nem aos tribunos que, embora plebeus, lideravam os cidadãos mais abastados. Por conseguinte, caíram no descrédito, e a sua degradação foi de tal ordem que os seus trinta lictores cumpriam, em conjunto, as tarefas que cabiam aos comícios por cúrias desempenhar.

A divisão por centúrias era tão favorável à aristocracia que, à primeira vista, não se entendia como o senado não levava sempre a melhor nos comícios que se realizavam em seu nome e nos quais se elegiam os cônsules, os censores e os outros magistrados curuis. De facto, das cento e trinta e três centúrias que formavam as seis classes de todo o povo romano, a primeira classe compreendia noventa e oito, e, como os votos se contavam por centúrias, esta primeira classe vencia, por si só, todas as outras em número de votos. Quando todas as suas centúrias estavam de acordo, nem sequer se continuava a recolher os votos; o que tinha decidido o mais pequeno número passava por uma decisão do maior número, e seria possível dizer que, nos comícios por centúrias, era o dinheiro mais do que os votos que decidia as questões.

Mas este domínio extremo foi mitigado através de dois meios: em primeiro lugar, como era costume os tribunos e os plebeus, sempre em grande número, fazerem parte da classe dos ricos, equilibravam a influência dos patrícios nesta primeira classe.

O segundo meio consistia no seguinte: em lugar de fazer votar primeiramente as centúrias segundo a sua ordem, o que levaria sempre a começar pela primeira, tirava-se à sorte, e esta([40]) procedia sozinha à eleição, após a qual, todas as centúrias, convocadas num outro dia segundo a sua posição, repetiam a mesma eleição e confirmavam-na habitualmente. Deste modo, evitava-se dar a precedência à autoridade do exemplo sobre o estatuto para a atribuir à sorte, segundo o princípio da democracia.

Desta prática resultava uma outra vantagem: os cidadãos do campo tinham tempo, entre as duas eleições,

---

([40]) Esta centúria, tirada à sorte, chamava-se *praerogativa*, porque era a primeira a quem se pedia o seu voto, e é daí que vem o termo «prerrogativa».

para se informar do mérito do candidato provisoriamente nomeado, de maneira que votavam com conhecimento de causa. Contudo, sob pretexto de celeridade, este costume acabou por ser abolido, e as duas eleições passaram a fazer-se no mesmo dia.

Os comícios por tribos constituíam, em rigor, o conselho do povo romano. Só os tribunos podiam convocá-los; neles eram eleitos os tribunos e aprovavam-se os seus plebiscitos. Não somente o senado não tinha aí lugar, como não tinha sequer o direito de assistir. Além disso, forçados a obedecer às leis que não puderam votar, os senadores eram, a este respeito, menos livres do que os cidadãos com menor estatuto. Esta injustiça era de todo mal compreendida e bastava para invalidar os decretos de um corpo no qual nem todos os seus membros eram admitidos. Mesmo que todos os patrícios tivessem assistido a esses comícios conforme o direito que deteriam enquanto cidadãos, tornados então simples particulares, em nada influenciariam um método de sufrágio que funcionava por contagem de cabeças e pelo qual o mais insignificante proletário podia tanto quanto o príncipe do senado.

Vê-se, pois, que, além da ordem que resultava destas várias distribuições para a recolha dos votos de um tão extenso povo, estas distribuições não se reduziam a formas indiferentes em si mesmas, mas que todas elas produziam efeitos relativos às intenções que presidiam à sua criação.

Sem entrar em muitos pormenores, resulta dos esclarecimentos anteriores que os comícios por tribos eram mais favoráveis ao governo popular, e os comícios por centúrias, à aristocracia. Em relação aos comícios por cúrias, nos quais a maioria era composta unicamente pela populaça, como eram bons apenas a favorecer a tirania e os maus intentos, estavam destinados a cair em descrédito, e os próprios sediciosos abstinham-se de um meio que punha demasiado a descoberto as suas intenções. Não há dúvida de que a majestade do povo romano só se podia encontrar nos comícios por centúrias, que eram a única forma completa de assembleia, dado que aos comícios por cúrias faltavam as tribos rústicas, e aos comícios por tribos, o senado e os patrícios.

Quanto à maneira de recolher os votos, ela era, nos primeiros romanos, tão simples como os seus costumes, embora menos simples ainda do que em Esparta. O voto era expresso em voz alta, e um escrivão ia-os registando. A maioria dos votos em cada tribo determinava o voto da tribo, a maioria de votos entre as tribos determinava o voto do povo, e o mesmo para as cúrias e as centúrias. Este costume era bom enquanto a honestidade reinava entre os cidadãos e porque todos se envergonhavam por votar publicamente uma opinião injusta ou um assunto indigno; porém, quando o povo se corrompeu e os votos começaram a ser comprados, foi mais conveniente o voto secreto para conter os compradores através da desconfiança e fornecer aos intrujões o meio de não serem traidores.

Eu sei que Cícero culpa esta alteração e que lhe atribui, em parte, a ruína da república. Contudo, embora sinta o peso que deve ter neste assunto a autoridade de Cícero, não posso partilhar da sua opinião. Penso, pelo contrário, que, por não se terem feito alterações semelhantes, se acelerou a queda do Estado. Assim como a dieta das gentes sãs não é adequada aos doentes, também não se pode pretender governar um povo corrompido segundo as mesmas leis que convém a um povo honesto. Nada prova melhor esta máxima do que a duração da república de Veneza, da qual só existe hoje um simulacro, apenas porque as suas leis só convêm a homens de mau carácter.

Por conseguinte, distribuía-se aos cidadãos tabuinhas nas quais cada um podia votar sem que se soubesse qual era a sua opinião. Estabeleceram-se novas formalidades para a recolha das tabuinhas, para a contagem dos votos, a comparação dos números, etc. O que não impediu que a fidelidade dos oficiais encarregados destas funções ([41]) não fosse muitas vezes questionada. Por fim, para evitar as intrigas e o comércio, produziram-se éditos cuja multiplicidade confirma a inutilidade.

Nos últimos tempos, [o governo] era muitas vezes obrigado a recorrer a medidas extraordinárias para suprir a insuficiência das leis. Ora se inventavam prodígios — um meio que, no entanto, podia impor respeito ao povo, mas não aos que governavam; ora se convocava de repente uma assembleia antes de os candidatos terem tempo de fazer as suas intrigas; ora se consumia uma sessão inteira a falar quando se via que o povo estava prestes a tomar um mau partido. Mas, enfim, a ambição tudo frustrou. E o mais incrível é que, no meio de tantos abusos, esse povo imenso, graças às suas antigas disposições, não deixava de eleger os magistrados, de aprovar as leis, de julgar as causas, de despachar as questões particulares e públicas, quase com a mesma facilidade do próprio senado.

([41]) *Custodes, distributores, rogatores suffragiorum.* [Os que guardam os votos, os que distribuem e os recolhem.]

CAPÍTULO V

Do tribunato

Quando não é possível estabelecer uma exata proporção entre as partes constitutivas do Estado, ou quando as causas indestrutíveis lhe alteram constantemente as relações [que mantêm entre si], cria-se nessa ocasião uma magistratura particular, independente dos outros corpos e que estabeleça uma ligação ou um meio-termo não só entre o príncipe e o povo, como entre o príncipe e o soberano, ou mesmo entre os dois lados em simultâneo, se necessário.

Este corpo, a que chamarei *tribunato*, é o conservador das leis e do poder legislativo. Umas vezes, serve para proteger o soberano contra o governo, como faziam em Roma os tribunos do povo; outras, para defender o governo contra o povo, como faz atualmente, em Veneza, o Conselho dos Dez; e, por vezes, para manter o equilíbrio entre um lado e outro, como faziam os éforos em Esparta.

O tribunato não é uma parte constitutiva da cidade, e nem deve ter parte alguma do poder legislativo ou executivo. No entanto, é por este mesmo facto que o seu poder é maior: porque, não podendo fazer nada, pode impedir tudo. É mais sagrado e reverenciado, como defensor das leis, do que o príncipe que as executa e do que o soberano que as dá. Foi o que se viu muito claramente em Roma, quando esses orgulhosos patrícios, que sempre desprezaram o povo, foram obrigados a curvar-se diante de um simples representante do povo, que não tinha auspícios nem jurisdição.

O tribunato sabiamente moderado é o mais firme apoio de uma boa constituição; mas, por pouca força que tenha a mais, pode arruinar tudo. A fraqueza não lhe está na natureza, e, contanto que seja alguma coisa, nunca é menos do que é necessário.

Quando usurpa o poder executivo, do qual é apenas o moderador, e deseja dispensar as leis que deve proteger, degenera em tirania. O enorme poder dos éforos, que não representou nenhum perigo enquanto Esparta conservou os seus costumes, acelerou a corrupção uma vez começada. O sangue de Árgis, degolado por esses tiranos, foi vingado pelo seu sucessor. O crime e o castigo dos éforos precipitaram ambos a queda da república; e, após Cleómenes, Esparta acabou. Roma pereceu também pela mesma via, e o poder excessivo dos tribunos, usurpado por decreto, acabou por servir, com o auxílio das leis geradas pela liberdade, de salvaguarda aos imperadores que a destruíram. Quanto ao Conselho dos Dez, em Veneza, é um tribunal sanguinário, horrível para os patrícios como para o povo, e que, longe de proteger de cima as leis, se limita, após a sua degradação a desferir golpes a partir das trevas que ninguém ousa denunciar.

Como o governo, o tribunato fragiliza-se em virtude da multiplicação dos seus membros. Quando os tribunos do povo romano, originalmente apenas dois, mais tarde cinco, quiseram duplicar esse número, o senado permitiu-lhes fazê-lo, seguro de que podia usar uns para conter os outros; o que, de facto, veio a suceder.

O melhor método para prevenir as usurpações de um corpo tão temeroso — um método no qual nenhum governo pensou até hoje — seria não permitir que esse corpo fosse permanente, mas regular os intervalos durante os quais seria suprimido. Esses intervalos, que não devem ser demasiado extensos para permitir aos abusos o tempo de se instalarem, podem ser fixados por lei, de forma que seja fácil reduzi-los através de comissões extraordinárias em caso de necessidade.

Não vejo qualquer desvantagem neste método, porquanto o tribunato, como já referi, na medida em que não faz parte da constituição, pode ser abolido sem prejuízo para ela; além disso, parece-me eficaz, porque um magistrado nomeado para um cargo restabelecido não inicia funções com o poder detido pelo seu antecessor, mas com aquele que a lei lhe concede.

CAPÍTULO VI

Da ditadura

A inflexibilidade das leis, que as impede de se vergarem aos acontecimentos, pode, em alguns casos, torná-las perniciosas e fazer delas a ruína do Estado num momento de crise. A ordem e a lentidão das formas exigem um espaço de tempo que, por vezes, as circunstâncias recusam. Podem apresentar-se mil casos que o legislador não antecipou, e sentir que não é possível prever tudo é uma precaução muito necessária.

Não se deve, pois, querer consolidar as instituições políticas a ponto de lhes retirar o poder de suspender o seu efeito. A própria Esparta permitiu que as suas leis dormissem.

Mas só os maiores perigos se podem comparar ao perigo de alterar a ordem pública; e nunca se deve suspender o poder sagrado das leis senão quando é a salvação da pátria que está em causa. Nesses casos raros e evidentes, acode-se à segurança pública mediante um ato particular que entrega a tarefa ao mais digno. Essa comissão pode dar-se de duas maneiras consoante a espécie de perigo.

Em ordem a remediar esse perigo, se for suficiente aumentar a atividade do governo, concentramo-lo nas mãos de um ou dois dos seus membros. Desta feita, não é a autoridade das leis que é alterada, mas somente a forma da sua administração. Mas, se o perigo for tal que o aparato das leis se torna um obstáculo à sua resolução, então nomeia-se um chefe supremo que faça calar todas as leis e suspenda, por um período, a autoridade soberana; em semelhante caso, a vontade geral não é duvidosa, e é evidente que a primeira intenção do povo é que o Estado não pereça. Por este meio, a suspensão da autoridade legislativa não o abole. O magistrado que a manda calar não pode fazê-la falar, domina-a sem poder representá-la; pode fazer tudo, exceto leis.

O primeiro método era utilizado pelo senado romano quando encarregava os cônsules, mediante uma fórmula consagrada, de prover à salvação da república. O segundo ocorria quando um dos dois cônsules nomeava um ditador([42]); uso de que Alba deu o exemplo a Roma.

Nos começos da república, recorreu-se frequentemente à ditadura, porque o Estado não tinha ainda uma base bastante sólida para ser capaz de se sustentar unicamente pela força da sua constituição.

Como nessa época os costumes tornavam supérfluas muitas precauções que teriam sido necessárias num outro tempo, não se temia que um ditador abusasse da sua autoridade, nem que procurasse conservá-la além do prazo estipulado. Pelo contrário, parecia que aquele revestido de um tão grande poder o sentia como um fardo, tal a pressa com que procurava desfazer-se dele; como se tomar

([42]) Esta nomeação fazia-se de noite e em segredo, como se fosse uma vergonha pôr um homem acima das leis.

o lugar das leis constituísse um cargo demasiado árduo e perigoso!

Por conseguinte, não é o perigo do abuso, mas o da degradação, que me leva a condenar o uso indiscreto dessa suprema magistratura nos primeiros tempos; porque, ao ser utilizada imoderadamente em período de eleições, em dedicatórias, em meras formalidades, se receava que se tornasse menos temível em caso de necessidade e que as pessoas se habituassem a vê-la como um título inútil empregado apenas em cerimónias vãs.

Para o fim da república, os Romanos tornaram-se mais circunspectos e trataram a ditadura com tanta insensatez como quando outrora a usavam excessivamente. Era fácil ver que o seu receio não se justificava, que a fragilidade da sua capital agia nesse período como a sua salvaguarda contra os magistrados que viviam dentro dos seus muros, que um ditador podia, em alguns casos, defender a liberdade pública sem nunca poder ameaçá-la, e que os grilhões de Roma não se forjariam por Roma, mas pelos exércitos; a parca resistência que Mário ofereceu a Sula, e Pompeu a César, mostra bem o que se podia esperar da autoridade interna contra a força externa.

Este erro fê-los incorrer em grandes faltas. Uma delas, por exemplo, foi a de não terem nomeado um ditador no caso de Catilina; pois, como se tratava unicamente de um assunto interno da cidade, ou, quando muito, de uma qualquer província de Itália, um ditador, com a autoridade ilimitada que as leis lhe facultavam, teria facilmente desmantelado a conspiração, que acabou abafada apenas por um conjunto de circunstâncias felizes que a prudência humana faria mal em esperar.

Em lugar disso, o senado contentou-se em entregar todo o seu poder aos cônsules; daí que Cícero, para agir eficazmente, tenha sido obrigado a exceder este poder num ponto crucial e que, embora os primeiros acessos de entusiasmo aprovassem a sua conduta, lhe foi com razão pedido que prestasse contas do sangue dos cidadãos derramado contra as leis; censura que não se teria feito a um ditador. Porém, a eloquência do cônsul tudo varreu, e ele próprio, apesar de ser romano, porque amava mais a sua própria glória do que a pátria, não procurou tanto o meio mais legítimo e mais seguro de salvar o Estado, mas o de granjear para si toda a honra por ter resolvido o caso.([43]) Assim, foi justamente honrado como libertador de Roma e justamente punido como infrator das leis. Por muito que o seu regresso do exílio tenha sido retumbante, é certo que foi uma graça que lhe foi concedida.

De resto, independentemente da forma como esta importante responsabilidade é concedida, é necessário restringir-lhe a duração a um prazo muito curto, impossível de prolongar. Nas crises que lhe dão origem, o Estado é rapidamente destruído ou salvo e, passada a necessidade urgente, a ditadura torna-se tirânica ou fútil. Em Roma, apesar de os ditadores só se conservarem por seis meses, a maior parte abdicava antes desse período. Se o prazo fosse mais longo, teriam porventura tentado estendê-lo um pouco mais, como fizeram os decênviros, por um ano. O ditador tinha apenas o tempo de acudir à necessidade que o tinha feito eleger; não tinha tempo para pensar noutros projetos.

([43]) Sobre isso, não podia estar certo se propusesse a nomeação de um ditador, não ousando nomear-se a si mesmo e não podendo assegurar-se de que o seu colega o nomearia.

CAPÍTULO VII

Da censura

Da mesma maneira que a declaração da vontade geral se faz através da lei, também a declaração do juízo público se faz através da censura; a opinião pública é aquela espécie de lei de que o censor é o ministro, e que, a exemplo do príncipe, aplica somente aos casos particulares.

O tribunal censório, portanto, longe de ser o árbitro da opinião do povo, limita-se a ser o seu porta-voz, e, logo que se afasta dela, as suas decisões tornam-se vãs e sem efeito.

É inútil distinguir os costumes de uma nação dos objetos da sua estima; porque tudo isso remete para o mesmo princípio e se confunde necessariamente. Em todos os povos do mundo, não é a natureza mas a opinião que decide da escolha dos seus prazeres. Retificai as opiniões dos homens e os seus costumes depurar-se-ão por si mesmos. Ama-se sempre o que o que é belo ou o que se julga como tal, mas é no juízo que fazem dele que os homens se enganam. Logo, é este juízo que é preciso regular. Aquele que julga os costumes julga a honra; e aquele que julga a honra busca a sua lei na opinião [pública].

As opiniões de um povo têm origem na sua constituição. Embora a lei não regule os costumes, é a legislação que os faz nascer. Quando a legislação perde força, os costumes degeneram, mas nesse instante o juízo dos censores não fará o que a força das leis não conseguiu.

Conclui-se que a censura pode ser útil para conservar os costumes, nunca para os restabelecer. Estabelecei censores quando as leis tiverem vigor; assim que o perderem, o caso torna-se desesperante. Nada de legítimo tem já força quando as leis a perdem.

A censura conserva os costumes ao impedir a corrupção das opiniões, mantendo a sua retidão através de medidas sábias, fixando-as mesmo quando elas ainda são incertas. O uso dos padrinhos nos duelos, levado ao extremo no reino de França, foi aí abolido por estas simples palavras de um édito do rei: «Quanto aos cobardes que levam consigo padrinhos.» Este juízo, antecipando-se ao do público, fixou-se de imediato. No entanto, quando os mesmos éditos tiveram o ensejo de pronunciar que era igualmente cobarde bater-se em duelo — o que é realmente verdade —, indo de encontro à opinião comum, o público riu-se dessa decisão, sobre a qual o juízo estava já formado.

Já declarei noutro lugar(44) que a opinião pública, por não estar sujeita a constrangimento algum, deve estar completamente ausente no tribunal criado para a representar. É impossível admirar mais a arte com que este recurso, inteiramente perdido nos modernos, foi utilizado pelos Romanos, e sobretudo pelos Lacedemónios.

Um dia, no conselho de Esparta, tendo um homem de maus costumes emitido uma opinião válida, os éforos,

---

(44) Neste capítulo, indico apenas o que já tratei mais longamente na *Carta a d'Alembert*.

sem lhe prestarem atenção, fizeram outro cidadão mais virtuoso emitir a mesma opinião. Que honra para um, que vergonha para o outro, sem que nenhum deles tenha sido louvado ou acusado! Uns beberrões de Samos([45]) sujaram o tribunal dos éforos; na manhã seguinte, por édito público, foi permitido aos Sâmios serem indignos. Um verdadeiro castigo teria sido menos severo do que uma tal impunidade. Quando Esparta se pronunciava sobre o que era ou não honesto, a Grécia não se opunha aos seus juízos.

([45]) Estes eram originários de outra ilha, que a delicadeza da nossa língua nos impede de nomear aqui. [Trata-se da ilha de Quios, «Chios» em francês. Rousseau não queria provocar o riso pela associação do nome da ilha com o verbo «chier», que significa «cagar».]

CAPÍTULO VIII

Da religião civil

No começo, os homens não tinham outros reis além dos deuses, nem outro governo além do teocrático. Pensaram como Calígula(*); e pensaram bem. É preciso uma grande mudança de sentimentos e ideias para que se decida a tomar o seu semelhante como seu senhor e ter orgulho nisso.

O simples facto de se ter posto Deus à cabeça de todas as sociedades políticas teve como resultado existirem tantos deuses quantos povos. Dois povos estranhos um ao outro, e quase sempre inimigos, não podiam reconhecer durante muito tempo um mesmo senhor. Dois exércitos em luta não poderiam obedecer ao mesmo chefe. Assim, das divisões nacionais resultou o politeísmo, e daí a intolerância teológica e civil, que é naturalmente a mesma, como se verá adiante.

A fantasia que os Gregos alimentavam de encontrar os seus deuses junto dos povos bárbaros nasceu de uma outra que os fazia considerarem-se como os soberanos naturais

---

(*) Cf. Livro I, Cap. I.

desses povos. Mas existe hoje uma erudição ridícula em torno da identidade dos deuses das diversas nações: como se Moloch, Saturno e Cronos pudessem ser o mesmo deus; como se o Baal dos Fenícios, o Zeus dos Gregos e o Júpiter dos Latinos pudessem ser o mesmo; como se houvesse algo comum entre seres quiméricos com nomes diferentes!

Ora bem, se alguém perguntar como é que, no paganismo, em que cada Estado tinha o seu culto e os seus deuses, não havia guerras de religião, eu responderei que era precisamente porque cada Estado, tendo o seu culto próprio assim como o seu governo, não distinguia entre os seus deuses e as suas leis. A guerra política era ainda teológica; os territórios dos deuses eram, por assim dizer, fixados pelos limites das nações. O Deus de um povo não tinha qualquer direito sobre os outros povos. Os deuses dos pagãos não eram deuses invejosos; partilhavam entre si o império do mundo. O próprio Moisés e o povo hebreu perfilhavam, por vezes, esta ideia ao falar do Deus de Israel. Consideravam, é verdade, como nulos os deuses dos Cananeus, povos proscritos, votados à destruição e cujas terras ocupariam. Mas vede como falavam das divindades dos povos vizinhos que estavam proibidos de atacar: «A posse do que pertence a Camós, vosso deus», dizia Jefté aos Amonitas, «não vos é devida legitimamente? Nós possuíamos da mesma maneira as terras que o nosso Deus vencedor adquiriu para si.» ([46]) Isto reflete, creio eu,

---

([46]) *Nonne ea quae possidet Chamos deus tuus, tibi jure debentur?* É este o texto da *Vulgata.* O padre de Carrières traduziu: «Não achais vós ter o direito de possuir o que pertence a Camós, vosso deus [.]» Ignoro a força do texto hebreu; mas vejo que, na *Vulgata,* Jefté reconhecia positivamente o direito do deus Camós e que o tradutor francês aligeira esse reconhecimento por meio de um *não achais vós* que não está no latim.

uma paridade óbvia entre os direitos de Camós e os do Deus de Israel.

Mas, quando os judeus, submetidos às leis da Babilónia e depois aos reis da Síria, teimaram em não reconhecer nenhum outro Deus que não o seu, esta recusa, olhada como uma rebelião contra o vencedor, custou-lhes perseguições que podem ser lidas na sua história e sem paralelo antes do cristianismo.([47])

Cada religião estava, pois, unicamente ligada às leis do Estado que a prescrevia; não havia nenhuma outra maneira de converter um povo além da submissão, nem outros missionários que não fossem conquistadores; e, porque a obrigação de mudar de culto era a lei dos vencidos, era preciso começar por vencer antes de falar de mudanças. Longe de serem os homens a combater pelos deuses, eram os deuses, como em Homero, que combatiam pelos homens: cada um exigia ao seu a vitória e pagava-a com novos altares. Os Romanos, antes de conquistarem um território, intimavam os deuses a abandoná-lo; e quando permitiram aos Tarentinos ficar com os seus deuses irritados, foi porque consideraram esses deuses como subjugados e forçados a prestar-lhes homenagem. Eles deixavam aos vencidos os seus deuses como lhes deixavam as suas leis. Uma coroa ao Júpiter do Capitólio era muitas vezes o único tributo que impunham.

Por fim, tendo os Romanos estendido, com o seu império, o seu culto e os seus deuses, e tendo eles próprios frequentemente adotado o dos vencidos, garantindo a uns e outros o direito de cidade, os povos deste vasto império viram-se a braços, quase sem se darem conta, com uma

---

([47]) Não resta dúvida alguma de que a guerra dos Fócios, chamada guerra sagrada, não era uma guerra religiosa. Ela tinha por objetivo punir os sacrílegos, e não submeter os infiéis.

multiplicidade de deuses e de cultos, que eram quase os mesmos por toda a parte. E foi assim que o paganismo acabou por ficar conhecido em todo o mundo como uma única e mesma religião.

Foi nestas circunstâncias que Jesus veio estabelecer na terra um reino espiritual; o que, separando o sistema teológico do sistema político, fez com que o Estado deixasse de ser uno e provocou divisões intestinas que nunca deixaram de alvoroçar os povos cristãos. Ora, esta ideia nova de um reino do outro mundo nunca conseguiu entrar na cabeça dos pagãos, e estes olharam sempre os cristãos como verdadeiros rebeldes que, a coberto de uma submissão hipócrita, buscavam tão-somente o momento de ser independentes e senhores, e de usurpar astutamente a autoridade que fingiam respeitar na sua debilidade. Foi esta a causa das perseguições.

O que os pagãos tinham temido aconteceu; nesse momento, tudo mudou de figura, os humildes cristãos mudaram de linguagem, e viu-se de imediato esse pretenso reino do outro mundo tornar-se neste o mais violento despotismo quando um chefe surgiu.

No entanto, como houve sempre um príncipe e leis civis, deste duplo poder resultou um perpétuo conflito de jurisdição que tornou toda a boa política impossível nos Estados cristãos; e nunca se chegou a saber a quem se devia obedecer, se ao senhor, se ao sacerdote.

Muitos povos, todavia, inclusive na Europa ou em países vizinhos, tentaram conservar ou restabelecer o antigo sistema, mas sem sucesso; o espírito do cristianismo triunfara. O culto sagrado manteve-se sempre ou tornou-se independente do soberano e sem um vínculo necessário ao corpo do Estado. A visão de Maomé foi bastante acertada e montou corretamente o seu sistema político; e tanto que a forma do seu governo subsistiu sob o domínio dos califas, seus sucessores, mantendo-se uno e bom por esse facto. Mas os Árabes, agora prósperos, letrados, civilizados, moles e cobardes, foram subjugados pelos bárbaros; nessa altura, a divisão entre os dois poderes recomeçou. Embora fosse menos evidente entre os maometanos do que entre os cristãos, ela está aí, contudo, presente, sobretudo na seita de Ali, e existem Estados, como a Pérsia, em que se faz constantemente.

Entre nós, os reis de Inglaterra erigiram-se a chefes da Igreja, assim como os czares. Porém, com este título tornaram-se menos os senhores da Igreja do que os seus ministros; ganharam mais o poder de a manter do que o direito de a mudar; não são os seus legisladores, mas unicamente os seus príncipes. Onde quer que o clero forme um corpo([48]), ele é senhor e legislador no seu país. Existem, por conseguinte, dois poderes, dois soberanos, em Inglaterra e na Rússia, como em todo o lado.

De todos os autores cristãos, o filósofo Hobbes foi o único que observou claramente qual o mal e qual o remédio, ousando propor reunir as duas cabeças da águia([*]) e reconduzir tudo à unidade política, sem a qual nunca o Estado ou o governo será bem constituído. Todavia, não deixou de observar que o espírito dominador do

---

([48]) Note-se que não são tanto as assembleias formais, como as francesas, que ligam o clero num corpo quanto a comunhão das Igrejas. A comunhão e a excomunhão são o pacto social do clero, pacto com o qual será sempre o senhor dos povos e dos reis. Todos os sacerdotes que comungam em conjunto são concidadãos, ainda que cada um esteja do outro lado do mundo. Esta invenção é uma obra-prima da política. Não havia nada de parecido entre os sacerdotes pagãos; foi por isso que nunca formaram um corpo clerical.

([*]) Não é clara a imagem de Rousseau, mas parece significar aqui a autoridade sobre os domínios secular e religioso.

cristianismo era incompatível com o seu sistema e que o interesse do sacerdote seria sempre mais forte do que o do Estado. O que tornou a sua teoria política odiosa não foi tanto o que continha de horrível e falso, mas antes o que tinha de justo e verdadeiro.([49])

Julgo que, observando os factos históricos deste ponto de vista, refutar-se-ia facilmente as opiniões opostas de Bayle e de Warburton, em que um pretende que nenhuma religião é útil ao corpo político, e em que o outro defende, pelo contrário, que o cristianismo é o seu mais firme apoio. Ao primeiro provar-se-ia que nunca se fundou um Estado que não tivesse por base a religião, e ao segundo que a lei cristã é, no fundo, mais perniciosa do que útil à forte constituição do Estado. Para me fazer entender completamente, basta precisar um pouco mais as ideias demasiado vagas de religião relativas ao meu tema.

A religião considerada em relação à sociedade, que pode ser geral ou particular([*]), pode igualmente dividir-se em duas espécies: a religião do Homem e a do cidadão. A primeira, sem templos, sem altares, sem rituais, limitada ao culto puramente interior do Deus supremo e aos deveres eternos da moral, é a pura e simples religião do Evangelho, o verdadeiro teísmo, e aquilo a que podemos chamar o direito divino natural. A outra, inscrita dentro das fronteiras de um país, dá-lhe os seus deuses, os seus patronos próprios e tutelares. Ela tem os seus dogmas,

---

([49]) Vede, entre outras, numa carta de Grócio ao seu irmão, de 11 de abril de 1643, o que este homem sábio aprova e o que censura no livro *De Cive*. É verdade que, levado pela indulgência, parece perdoar ao autor o bem em favor do mal; mas nem toda a gente é tão clemente.

([*]) Isto é, uma sociedade geral da raça humana ou uma sociedade particular.

os seus ritos, o seu culto exterior prescrito pelas leis; com exceção da única nação que a segue, tudo é para ela infiel, estranho, bárbaro. Para ela, os deveres e os direitos do Homem vão tão longe quanto os seus altares. Foram estas todas as religiões dos primeiros povos, às quais se pode dar o nome de direito divino civil ou positivo.

Existe uma terceira espécie de religião mais bizarra, que, oferecendo aos homens duas legislações, dois chefes, duas pátrias, os submete a deveres contrários e os impede de poderem ser, ao mesmo tempo, devotos e cidadãos. É esta a religião dos Lamas, a dos Japoneses, a do cristianismo romano. Podemos chamar-lhe a religião do sacerdote. Deste tipo de religião resulta uma espécie de direito misto e insociável que não tem nome.

Ao considerar-se politicamente estas três espécies de religião, todas elas têm as suas falhas. A terceira é tão evidentemente má que é perder tempo entretermo-nos a demonstrá-lo. Tudo o que rompe a unidade social não tem valor. Todas as instituições que põem o Homem em contradição consigo mesmo são inúteis.

A segunda é, porquanto reúne o culto divino e o amor das leis, e porque, tornando a pátria o objeto de adoração dos cidadãos, ela lhes ensina que servir o Estado é servir o seu Deus tutelar. É uma espécie de teocracia, na qual não se pode ter outro pontífice além do príncipe, nem outros sacerdotes além dos magistrados. Neste sentido, morrer pelo seu país significa ser mártir, violar as leis é ser ímpio, e submeter um culpado ao opróbrio público é sacrificá-lo à cólera dos deuses; *sacer esto*(*).

No entanto, é má no sentido em que, fundada no erro e na mentira, engana os homens, torna-os crédulos,

---

(*) Sentença penal usada em Roma que significa «maldito seja pelos deuses».

supersticiosos e mergulha o verdadeiro culto da divindade num frívolo cerimonial. É igualmente má quando, exclusiva e tirânica, torna um povo sanguinário e intolerante, que apenas respira morte e massacres, e crê agir piamente sempre que mata quem não aceita os seus deuses. Isto põe esse povo num estado natural de guerra com todos os outros, um estado nocivo à sua própria segurança.

Resta, portanto, a religião do Homem ou o cristianismo, não o atual, mas o do Evangelho, que é totalmente diferente. Nesta religião santa, sublime, verdadeira, os homens, filhos do mesmo Deus, reconhecem-se todos como irmãos, e a sociedade que os une nem mesmo na morte se dissolve.

Mas esta religião, na medida em que não possui nenhuma relação particular com o corpo político, não acrescenta força nenhuma às leis, deixando-lhes apenas aquela que podem extrair de si mesmas, de modo que um dos grandes vínculos da sociedade particular perde o seu efeito. Além disso, longe de aproximar os corações dos cidadãos ao Estado, ela afasta-os dele como de todas as coisas terrenas. Não conheço nada mais contrário ao espírito social.

Diz-se que um povo de verdadeiros cristãos formaria a mais perfeita sociedade que se possa imaginar. Nesta suposição, só vejo uma grande dificuldade: a de que uma sociedade de verdadeiros cristãos já não seria uma sociedade de homens.

Afirmo mesmo que essa suposta sociedade não seria, com toda a sua perfeição, nem a mais forte nem a mais duradoura. À força de ser perfeita, careceria de coesão; a sua própria perfeição seria o mal que a destruiria.

Todos cumpririam o seu dever, o povo submeter-se-ia às leis, os chefes seriam justos e moderados, os magistrados integrados, incorruptíveis, os soldados desprezariam a morte, a vaidade e o luxo deixariam de existir. Até aqui tudo bem; mas aprofundemos um pouco mais.

O cristianismo é uma religião inteiramente espiritual, ocupada unicamente com as coisas do Céu; a pátria do cristão não é deste mundo. Ele cumpre o seu dever, é verdade, mas fá-lo com uma profunda indiferença quanto ao sucesso ou fracasso dos seus esforços. Contanto que não tenha nada por que se censurar, pouco lhe importa se tudo corre bem ou mal aqui em baixo. Se o Estado prospera, mal ousa partilhar da felicidade pública; receia orgulhar-se da glória do seu país. Se o Estado declina, bendiz a mão de Deus que pesa sobre o seu povo.

Para que a sociedade permanecesse em paz e a harmonia perdurasse, seria preciso que todos os cidadãos, sem exceção, fossem igualmente bons cristãos. Mas, se por uma infelicidade se encontrasse nela um único homem ambicioso, um único hipócrita, um Catilina, por exemplo, um Cromwell, este iria muito certamente levar a melhor sobre os seus compatriotas devotos. A caridade cristã não permite facilmente pensar mal do seu próximo. Logo que um descobre, por uma artimanha qualquer, a arte de se impor e de tomar para si uma parte da autoridade pública, aí o vemos investido de dignidade. E se Deus quer que o respeitemos, de imediato se converte num poder; e Deus quer ser obedecido. O depositário abusa desse poder? Ele representa a vergasta com que Deus pune as crianças. Se lhes viesse à cabeça que tinham de expulsar o usurpador, seria preciso perturbar a paz pública, usar de violência, derramar sangue; e, depois de tudo isto, que importa que se seja livre ou escravo neste vale de lágrimas? O essencial é ir para o paraíso, e a resignação é tão-somente um meio mais para o atingir.

Eclode uma guerra no estrangeiro? Os cidadãos marcham sem dificuldade para o combate; nenhum pensa em fugir; cumprem o seu dever, mas sem paixão pela vitória; sabem mais morrer do que vencer. Que importa se saem vencedores ou vencidos? A Providência não saberá melhor do que eles do que precisam? Imagine-se que partido pode tirar do seu estoicismo um inimigo altivo, impetuoso, apaixonado! Ponde à sua frente esses povos generosos devorados pelo amor ardente da glória e da pátria, imaginai a vossa república cristã frente a frente com Esparta ou Roma: os piedosos cristãos seriam batidos, esmagados, destruídos, antes de perceberem o que lhes aconteceu, ou ficariam a dever a sua salvação apenas ao desprezo que o inimigo lhe concederia. A meu ver, o juramento prestado pelos soldados de Fábio era um belo juramento: não juraram morrer ou vencer, juraram regressar vencedores e mantiveram o juramento. Jamais os cristãos fizeram um parecido; para eles, seria atentar contra Deus.

Mas engano-me quando digo uma república cristã. Cada uma destas duas palavras exclui a outra. O cristianismo não prega senão a servidão e a dependência. O seu espírito é demasiado favorável à tirania para que ela não o aproveite sempre. Os verdadeiros cristãos são feitos para serem escravos; sabem-no e isso não os perturba. Esta vida curta tem muito pouco valor aos seus olhos.

As tropas cristãs são excelentes, segundo se diz. Para mim, não. Que mas mostrem. Quanto a mim, não conheço tropas cristãs. Referem-me as cruzadas. Sem discutir o valor das cruzadas, notarei que, muito longe de serem cristãos, eram soldados do Papa, eram cidadãos da Igreja. Lutavam pelo seu país espiritual, que ela tornara temporal, não se sabe bem como. Em boa verdade, isto foi um regresso ao paganismo. Como o Evangelho não institui uma religião nacional, uma guerra sagrada é impossível entre os cristãos.

Durante o domínio dos imperadores pagãos, os soldados cristãos eram valentes. Todos os autores cristãos o asseguram, e eu acredito nisso; procuravam emular as tropas pagãs em matéria de honra. A partir do momento em que os imperadores se tornaram cristãos, essa emulação cessou; e, quando a cruz expulsou a águia, desapareceu todo o valor romano.

Deixando, porém, de lado as considerações políticas, voltemos ao direito e fixemos os princípios sobre este ponto importante. O direito que o pacto social dá ao soberano sobre os súbditos não excede, como já afirmei, os limites da utilidade pública. (50) Os súbditos só devem, pois, prestar contas ao soberano das suas opiniões quando essas opiniões forem importantes para a comunidade. Ora, ao Estado importa claramente que cada cidadão possua uma religião que o faça amar os seus deveres; mas os dogmas dessa religião não interessam ao Estado nem aos seus membros senão enquanto esses dogmas se referem à moral e aos deveres que aquele que a professa é obrigado a cumprir para com os outros. Além disso, cada um pode ter as opiniões que quiser, sem que o soberano tenha o direito de as conhecer. Com efeito, como não tem autoridade no outro mundo, a vida futura não é um assunto seu, contanto que sejam bons cidadãos nesta.

---

(50) «Na república», diz o marquês d'Argenson, «todos são perfeitamente livres de agir naquilo em que não prejudicar os outros.» É este o limite que não varia; não se pode enunciá-lo com maior exatidão. Não me posso recusar o prazer de citar por vezes esse manuscrito, apesar de desconhecido do público, para prestar homenagem à memória de um homem ilustre e respeitável, que havia conservado o coração de um verdadeiro cidadão, inclusive no ministério, e conceções justas e salutares sobre o governo do seu país.

Existe, assim, uma profissão de fé puramente civil cujos artigos cabe ao soberano fixar, não exatamente como dogmas de religião, mas como sentimentos de sociabilidade, sem os quais é impossível ser bom cidadão ou súbdito fiel.([51]) Sem poder obrigar ninguém a crer neles, pode banir do Estado quem não acreditar neles. Pode bani-lo, não como ímpio, mas como insociável, como incapaz de amar sinceramente as leis, a justiça, e imolar em caso de necessidade a sua vida ao dever. Se alguém, depois de ter reconhecido publicamente esses dogmas, se comporta como se não acreditasse neles, que seja condenado à morte; cometeu o maior dos crimes: mentiu perante as leis.

Os dogmas da religião civil devem ser simples, em pequeno número, enunciados com precisão sem explicações nem comentários. A existência da divindade poderosa, inteligente, benevolente, previdente e providente, a vida futura, a felicidade dos justos, o castigo dos malvados, a santidade do contrato social e das leis: são estes os dogmas positivos. Quanto aos dogmas negativos, reduzo-os a um só: a intolerância. Ela faz parte dos cultos que rejeitámos.

A meu ver, aqueles que distinguem a intolerância civil e a intolerância religiosa enganam-se. Estas duas intolerâncias são inseparáveis. É impossível viver em paz com homens que julgamos condenados; amá-los significaria odiar Deus, que os castiga; é absolutamente necessário convertê-los ou atormentá-los. Onde quer que a intolerância seja admitida, é impossível que ela não tenha

---

([51]) César, ao defender Catilina, procurava estabelecer o dogma da mortalidade da alma; Catão e Cícero, para o refutar, não perderam tempo a filosofar; contentaram-se em mostrar que César falava enquanto mau cidadão e que avançava uma doutrina perniciosa para o Estado. Com efeito, era isto que o senado de Roma tinha de julgar e não uma questão de teologia.

um qualquer efeito civil([52]), e, assim que esse efeito é produzido, o soberano já não é soberano, mesmo na esfera temporal. A partir desse instante, os sacerdotes tornam-se os verdadeiros senhores e os reis apenas os seus representantes.

Agora que já não existe e que não pode mais existir religião nacional exclusiva, devem ser toleradas todas aquelas que toleram as outras, na condição de os seus dogmas não irem contra os deveres do cidadão. Mas quem ousar dizer «fora da Igreja não há salvação» deve ser expulso do Estado, a menos que o Estado seja a Igreja e o príncipe o pontífice. Um tal dogma só é bom num governo teocrático; em qualquer outro é pernicioso.

A razão pela qual se diz que Henrique IV adotou a religião de Roma levaria qualquer homem honesto a abandoná-la, e sobretudo todo o príncipe que soubesse pensar.

([52]) O casamento, por exemplo, sendo um contrato civil, tem efeitos civis sem os quais chega a ser impossível que a sociedade subsista. Suponhamos, pois, que um corpo clerical consegue atribuir-se o direito exclusivo de ratificar esse ato, direito que acaba necessariamente por usurpar em qualquer religião intolerante. Neste caso, ao reivindicar a autoridade da Igreja, não é claro que tornará irrelevante a do príncipe, que já não terá súbditos além daqueles que o clero lhe quiser dar? Detentor do poder de casar ou de não casar os homens, conforme acreditem ou não nesta ou naquela doutrina, admitam ou rejeitem este ou aquele formulário, ou sejam mais ou menos devotos, se se conduzir de forma prudente e firme, não é claro que será o único a dispor das heranças, dos cargos, dos cidadãos, do próprio Estado, que não subsistirá, composto agora exclusivamente de bastardos? Mas, dir-se-á, esses abusos serão alvo de contestação, serão adiados, publicar-se-ão decretos, o temporal tomará o poder. Que tristeza! O clero, por muito pouco bom senso (já não digo coragem) que tenha, não se oporá e seguirá o seu caminho. Permitirá tranquilamente as contestações, os adiamentos, os decretos e as retomas de poder, e acabará por se manter o senhor. Não me parece ser um grande sacrifício abdicar de uma parte quando se tem a certeza de ficar com o todo.

CAPÍTULO IX

Conclusão

Depois de ter assentado os verdadeiros princípios do direito político e procurado fundar o Estado desde a sua base, teria ainda de o firmar nas suas relações externas. O que compreenderia o direito das gentes, o comércio, o direito da guerra e da conquista, o direito público, as ligas, as negociações, os tratados, etc. Mas tudo isto representa um novo objeto demasiado vasto para a minha curta vista; devia tê-la fixado sempre mais perto de mim.